PZ Schriftenreihe 11

Lutz Tisch (Hrsg.)
Apotheke im Wettbewerb

D1723179

PZ Schriftenreihe 11

Lutz Tisch (Hrsg.)

Apotheke im Wettbewerb

Rechtliche Möglichkeiten und Grenzen

Mit Beiträgen von
Rainer Auerbach, Jutta Heye,
Heinz-Dieter Horn, Arnulf Klein,
Ulrich Laut, Bettina Mecking,
Hansjörg Mogwitz,
Sebastian Schmitz, Lutz Tisch
und Karl Stefan Zerres

 GOVI-Verlag

Die Deutsche Bibliothek – CIP-Einheitsaufnahme

Tisch, Lutz:
Apotheke im Wettbewerb :
rechtliche Möglichketen und Grenzen /
Lutz Tisch. - Eschborn :
GOVI-Verl., 2000
 (PZ-Schriftenreihe ; 11)
 ISBN 3-7741-0817-X

ISBN 3-7741-0817-X

© 2000 Govi-Verlag Pharmazeutischer Verlag GmbH, Eschborn

Satz: TYPOAtelier im alten Stall, Ketternschwalbach

Druck und Verarbeitung:
   Lengericher Handelsdruckerei
   Jürgen Bossemeyer GmbH + Co. KG, Lengerich/Westfalen

Printed in Germany

Vorwort

Mit den vorliegend zusammenge-fassten Beiträgen der PZ-Serie »Apotheke und Wettbewerbsrecht« haben in den Berufsorganisationen der Apotheker tätige Juristen praxisrelevante Fragen aus dem Wettbewerbsrecht aufgegriffen und diese weitestgehend anhand von Fallbeispielen erörtert. Die thematische Zusammenfassung soll dem Leser das schnelle Auffinden spezieller Problemstellungen erleichtern.

Wie kaum ein anderes Rechtsgebiet ist das Wettbewerbsrecht von der Rechtsprechung an Einzelfällen fortentwickelt worden. Es war daher nahe liegend, einzelne Werbemaßnahmen von Apothekern herauszugreifen, die entweder häufig eingesetzt werden oder die Probleme von grundsätzlicherer Bedeutung darstellen. Ziel der Beiträge soll es sein, die Sensibilität für wettbewerbsrechtliche Fragestellungen zu schärfen und insbesondere Apothekern die Beurteilung darüber zu erleichtern, wann eine geplante Werbemaßnahme noch weiterer rechtlicher Prüfung bedarf. Die in diesem Sammelband vertretenen und vielfach mit Rechtsprechungs- und Literaturnachweisen belegten Rechtsauffassungen geben dem Leser hierfür eine Orientierungshilfe.

Eschborn im Februar 2000
Herausgeber und Verlag

Inhalt

Möglichkeiten und Grenzen im Wettbewerb

Werbung mit Zustelldiensten und Preisvergleichen, Jubiläumsverkäufe und Preisausschreiben, Zugaben und Rabatte, aber auch Absprachen mit Ärzten und Heimen sind Beispiele für Sachverhalte, bei denen Verstöße gegen das Wettbewerbsrecht eigene Risiken begründen, Kollegen ärgern und Gerichte beschäftigen. In der PZ-Serie »Apotheke und Wettbewerbsrecht« erläutern Juristen der Berufsorganisationen praxisrelevante Fragen aus dem Wettbewerbsrecht und stellen richtungweisende Entscheidungen vor.

Die Entscheidungen des Bundesverfassungsgerichts aus dem Jahr 1996 zu einzelnen Werbebeschränkungen in Berufsordnungen von Apothekerkammern der Länder haben dazu geführt, dass zwischenzeitlich die meisten Berufsordnungen überarbeitet wurden. Wo einzelne Verbotstatbestände entfallen sind, herrscht häufig das Missverständnis vor, der Apotheker sei in den betreffenden Wettbewerbs- und Werbemaßnahmen völlig frei. Die gleichwohl bestehenden Grenzen des allgemeinen Wettbewerbsrechts zu beleuchten, haben sich die Autoren zur Aufgabe gestellt. Die Autoren, durchgängig für die Berufsorganisationen tätige Juristen, werden an konkreten Gerichtsentscheidungen, aber auch an Beispielfällen Rechtsfragen erläutern, die erfahrungsgemäß häufig für Apotheken relevant werden.

Tatsächlich ist das Wettbewerbsrecht, dem jeder Marktteilnehmer unterworfen ist, ein schneidiges und schnelles Mittel zur Bekämpfung von Wettbewerbsverstößen. Und diejenigen Konkurrenten, die davon unmittelbar oder unter Einschaltung von Wettbewerbsvereinen Gebrauch machen, spaßen in der Regel nicht. Wer sich allzu weit vorgewagt hat und womöglich die erste wettbewerbsrechtliche Abmahnung in seinem Apothekerdasein bekam, weiß, dass auch die sofortige Abgabe einer strafbewehrten Unterlassungserklärung nichts mehr daran ändern kann, dass zumindest die Kosten der Abmahnung, häufig nicht ganz unerhebliche Rechtsanwaltsgebühren, fällig werden.

Am Beginn wettbewerbsrechtlicher Auseinandersetzungen steht gewöhnlich die Abmahnung, eine Aufforderung ein wettbewerbswidriges Verhalten zu unterlassen und zur Vermeidung einer Wiederholung eine strafbewehrte Unterlassungserklärung abzugeben. Derartige Abmahnungen können sowohl von Konkurrenten als auch von Verbänden initiiert werden. Gibt der Abgemahnte die Unterlassungserklärung ab, hat er die mit der Abmahnung verbundenen Kosten zu tragen. Verstößt er später gegen die strafbewehrte Unterlassungserklärung, wird die darin festgelegte Vertragsstrafe fällig.

Wird die geforderte Unterlassungserklärung nicht abgegeben, muss damit gerechnet werden, dass der Abmahnende beim Gericht den Erlass einer einstweiligen Verfügung beantragt. Diese kann in besonders dringenden Fällen ohne mündliche Verhandlung ergehen. Gegen diese im

Verfahren des einstweiligen Rechtsschutzes erlassene Entscheidung bestehen Rechtsbehelfe, gegebenenfalls kann der Rechtsstreit auch im Hauptsacheverfahren fortgeführt werden. Der Ausgang des Verfahrens ist dann maßgeblich für die Frage, wer die Kosten des Verfahrens aber auch der Abmahnung zu tragen hat.

Wettbewerbsrechtlich relevante Fragen können sich in vielen Zusammenhängen ergeben. Beispielhaft seien die Werbung für Dienstleistungsangebote der Apotheken, die Preiswerbung für Produkte, Werbung für den Apothekenbetrieb, die Durchführung von Sonderveranstaltungen, oder Zugaben und Rabatte genannt. Aber auch Verstöße gegen andere, den Apotheker bindende Normen, wie zum Beispiel die Berufsordnung, können, wenn er sich durch einen gegen sie gerichteten Rechtsverstoß einen wettbewerbsrechtlichen Vorteil gegenüber rechtstreuen Konkurrenten verschafft, mit den Mitteln des Wettbewerbs-

rechts verfolgt werden. Alle diese Themen sind von den Autoren aufgegriffen worden.

Gewarnt werden muss allerdings vor der Illusion, jeder denkbare Einzelfall könnte behandelt oder der Anspruch auf Vollständigkeit erhoben werden. In strittigen Fragen werden die Autoren auf Risiken hinweisen. Wie kaum ein anderes Rechtsgebiet ist das Wettbewerbsrecht von der Rechtsprechung an Einzelfällen fortentwickelt worden und wird dies mit Sicherheit auch in Zukunft. Eine Garantie, dass die in der Kolumne vertretenen Rechtsauffassungen auf alle Zeiten Bestand haben, können daher weder die PZ noch die Autoren geben. Sie sehen ihr Ziel vielmehr darin, die Sensibilität für wettbewerbsrechtliche Fragestellungen zu schärfen, damit der Apotheker leichter in der Lage ist, zu beurteilen, wann es geboten ist, die eigenen Vorhaben rechtskundig prüfen zu lassen.

RAINER AUERBACH

Richtig werben mit der Kundenkarte

Die Kundenkarten haben sich als Werbemittel der Apotheken etabliert. Sie werden von den Patienten und Kunden gerne in ihre Kartensammlungen einsortiert, versprechen sie doch zusätzlichen Nutzen rund um die Gesundheit und regelmäßig auch pekuniäre Vorteile beim Einkauf. Die Apotheken setzen sie als Instrument zur Verbesserung der Beratung, der Kundenbindung und natürlich auch als Wettbewerbsinstrument ein.

War vor einigen Jahren die Zulässigkeit des Mediums Kundenkarte noch umstritten, so konzentrieren sich heute die Fragestellungen auf konkrete Rechtsfragen zum Inhalt der mit der Kundenkarte verbundenen Leistungen.

> Die Kundenkarte ist ein erlaubtes Werbemittel. Die Inhalte müssen aber den Anforderungen des Arzneimittelgesetzes, der Apothekenbetriebsordnung, des Wettbewerbsrechtes und der Berufsordnung genügen.

Schaut man sich die auf dem Markt befindlichen Kundenkarten an, so stellt man fest, dass es typische Serviceangebote gibt, die auf nahezu allen Kundenkarten zu finden sind:
- Interaktionscheck von Arzneimitteln,
- Kontinuität in der Selbstmedikation, »Das hat Ihnen geholfen«,
- Befreiung von der Zuzahlung,
- Erfassung der einzelnen Zuzahlungen,
- Erfassung der Privatkäufe,
- Drei Prozent Rabatt,
- Lieferservice,
- Exklusivangebote und spezielle Informationen.

Die Serviceangebote beinhalten damit pharmazeutische, patientenbezogene Leistungen (Interaktionscheck, Kontinuität in der Selbstmedikation »Das hat Ihnen geholfen«), Dienstleistungen in Bezug auf die Sozialversicherung und Steuern (Befreiung von der Zuzahlung, Erfassung der einzelnen Zuzahlungen, Privatkäufe) und pekuniäre Vorteile (Lieferservice, Exklusivangebote, drei Prozent Rabatt).

Mit den pharmazeutischen, patientenbezogenen Dienstleistungen stärken die Apotheken ihre Beratungskompetenz. Die Arzneimittelsicherheit und die Verträglichkeit der Arzneimittel werden optimiert, wenn der Patient über die Kundenkarte und durch die Bindung an seine Stammapotheke auf der Basis der dort umfassend vorhandenen Daten kompetent beraten werden kann. Die Werbung mit den pharmazeutischen, patientenbezogenen Leistungen ist berufsrechtlich und wettbewerbsrechtlich grundsätzlich unbedenklich. Die Profilierung der pharmazeutischen Leistungen mittels Kundenkarte ist berufspolitisch wünschenswert, denn sie fördert das Bild des Heilberufes Apotheker/in in der Bevölkerung. Eine gute pharmazeutische Leistung ist die beste Kundenbindung. Diese kann mit der Kundenkarte wirksam unterstützt werden.

Die Werbung mit Serviceleistungen rund um die Befreiung von der Zuzahlung, die Auflistung von Zuzahlungen und die Erstellung von Jahresrechnungen über Privatkäufe zur Vorlage beim Finanzamt sind Nebenleistungen aus der pharmazeutischen Tätigkeit der Abgabe des Arzneimittels und dem Verkauf apothekenüblicher Waren. Die Werbung mit diesen Serviceleistungen ist ebenfalls grundsätzlich zulässig.

Problem: Pekuniäre Vorteile

Bei der Werbung mit Lieferservice, Exklusivangeboten und Rabatt für Karteninhaber betätigt sich der Apotheker primär als Kaufmann. Hier hat der Apotheker die Spielregeln des Wettbewerbsrechts – ein häufig unbekanntes Feld – zu beachten. Außerdem greifen die berufsrechtlichen Wettbewerbsbestimmungen.

Vorsicht Lieferservice!

Auf gefährliches Gebiet begeben sich Apotheker/innen, wenn sie mit Lieferservice werben. Verschiedene Berufsordnungen der Apothekerkammern verbieten ausdrücklich die Werbung mit Lieferservice, zum Beispiel Berlin, Bayern, Bremen, Niedersachsen, Nord-

rhein, Sachsen-Anhalt und Westfalen-Lippe.

Das ausdrückliche Verbot ist wohl begründet: Wer sich wie die Kammern politisch glaubwürdig zur Sicherung des Berufsstandes gegen den Versandhandel wendet, kann es nicht zulassen, dass Apotheken in Form des Lieferservices selbst Versandhandel betreiben. Durch die Abkoppelung des Apothekers vom Arzneimittel, wie dies beim Versandhandel geschieht, geht die Basis der pharmazeutischen Leistung verloren. Arzneimittel, Apotheker und Beratung gehören zur Gewährleistung der Arzneimittelsicherheit untrennbar zusammen. Dies konnte die ABDA durch die Initiative zur Änderung des § 43 Abs. 1 Satz 1 AMG erreichen.

Versandhandel ist in Deutschland verboten. Das heißt, Lieferservice von Arzneimitteln stellt einen Verstoß gegen § 43 AMG dar. Die Änderung des § 43 Abs. 1 Satz 1 AMG hat auch Auswirkungen auf § 17 Abs. 2 Satz 1 ApBetrO. Nach der geltenden Fassung der Apothekenbetriebsordnung ist im begründeten Einzelfall wahlweise der Versand eines Arzneimittels aus der Apotheke oder dessen Zustellung durch Boten erlaubt.

Wegen des Vorrangs von § 43 Abs. 1 Satz 1 AMG als höherrangige Rechtsnorm (Gesetz) geht diese der Regelung des § 17 Abs. 2 Satz 1 ApBetrO (Rechtsverordnung) vor. Das heißt, der nach § 17 ApBetrO scheinbar erlaubte Versand von Arzneimitteln ist durch § 43 Abs. 1 Satz 1 AMG verboten. Auch die nach § 17 Abs. 2 Satz 1 ApBetrO im begründeten Einzelfall zulässige Zustellung durch Boten ist im Lichte des Versandhandelsverbotes des § 43 Abs. 1 Satz 1 AMG eng auszulegen. Dies bezieht sich insbesondere auf den räumlichen Bereich.

Im unmittelbaren Versorgungsbereich der Apotheke ist der Botendienst im begründeten Einzelfall zulässig. Mit zunehmender Entfernung kann der Botendienst die Grenze zum Versandhandel überschreiten.

Da alle Berufsordnungen Gesetzesverstöße sanktionieren, stellt jeder Verstoß gegen § 43 AMG und im Falle des § 17 Abs. 2 ApBetrO der Versandhandel in Form des Lieferservices ein berufsordnungswidriges Verhalten dar. Von den Apothekerkammern wird die Werbung mit Lieferservice abgemahnt und berufsrechtlich verfolgt.

Die Apotheken können den Konflikt mit dem Versandhandelsverbot nur vermeiden, wenn sie ihre Werbung für Lieferservice dahingehend konkretisieren, dass nur Produkte geliefert werden, die keine Arzneimittel sind. Denn der Apotheker muss im Wettbewerb mit anderen Anbietern, beispielsweise von Inkontinenzprodukten, die gleichen Werbemöglichkeiten haben, wie der seriöse Einzelhandel. Wichtig ist, dass in der Werbung eine klare Abgrenzung der lieferfähigen Produkte vom Arzneimittel stattfindet. Unklarheiten können zu Lasten des Apothekers gehen. Bei den zu liefernden Produkten genügt der allgemeine Hinweis auf apothekenübliche Waren (§ 25 ApBetrO) nicht, weil der durchschnittliche Kunde hierunter auch Arzneimittel verstehen kann.

Wettbewerbswidrig verhält sich der Apotheker unabhängig von der Art der zu liefernden Produkte immer dann, wenn er mit kostenlosem Lieferservice wirbt. Denn kostenlos ist die Leistung nie, weil die Kosten für den Lieferservice notwendiger Bestandteil der Kalkulation sind und damit von jedem Kunden mit dem Kaufpreis mitbezahlt werden. Daher liegt bei der Werbung mit kostenlosem Lieferservice immer eine irreführende Werbung und damit ein Verstoß gegen § 3 UWG vor. Die Wettbewerbszentrale hat bereits in einer Vielzahl von Fällen die Werbung mit kostenlosem Lieferservice erfolgreich abgemahnt.

Häufig werden mit der Kundenkarte besondere Einkaufsvorteile versprochen. Dann wird regelmäßig das Rabattgesetz relevant, wenn Rabatte und Sonderpreise an Inhaber der Kundenkarte gewährt werden. Eine gesetzeskonforme Möglichkeit, preisreduzierte Waren Inhabern einer Kundenkarte anzubieten, stellt der Vertrieb solcher Waren ausschließlich an Inhaber der Kundenkarte dar. Es muss allerdings genauestens sichergestellt werden, dass die Waren während der Aktionszeit keinesfalls anderen Kunden zu dem vorher oder nachher geltenden Normalpreis angeboten werden. Dies setzt regelmäßig die spezielle Information über die Angebote nur an die Karteninhaber voraus.

Wird hingegen allgemein mit Rabatt und Sonderpreis geworben, sind die speziellen Regelungen des Rabattgesetzes zu beachten. Hierüber informiert der Beitrag »Kundenkarten und Rabattgewährung (S. 77).

Quellen

Dr. Harald Peters, Zur wettbewerbsrechtlichen Zulässigkeit so genannte »Kundenkarten«, WRP 6/98, S. 576ff.

Dr. Johannes Pieck, Versand von Arzneimitteln und Zustellung durch Boten aus der Apotheke, PZ 2/99, S. 76ff.

Physiologisch-chemische Untersuchungen

Sie ist in diesen Tagen 20 Jahre alt geworden, die Entscheidung des Oberlandesgerichts Düsseldorf vom 28. Juni 1979 (Pharma. Ztg. 1979, S. 1664ff.), hat aber bis zum heutigen Tage nichts von ihrer Aktualität verloren. Das Urteil der Düsseldorfer Richter gilt nach wie vor als die grundlegende Entscheidung zur Frage der Durchführung physiologisch-chemischer Untersuchungen in Apotheken. Für den aktuellen Apothekenbetrieb steht weniger die Frage im Vordergrund, ob es dem Apotheker überhaupt erlaubt ist, Blutdruck-, Venen- oder sonstige Messungen in der Apotheke durchzuführen als vielmehr die Frage, ob dies kostenlos geschehen darf.

Nur am Rande sei deshalb noch einmal darauf hingewiesen, dass das Blutdruckmessen und die Durchführung sonstiger Untersuchungen in der Apotheke jedenfalls dann nicht als unerlaubte Ausübung der Heilkunde zu werten sind, wenn der Apotheker sich darauf beschränkt, ein objektives Messergebnis bekanntzugeben und sich die Interpretation des Ergebnisses darauf reduziert, dem Patienten gegebenenfalls zu empfehlen, sich ärztlicher Hilfe zu bedienen. Unzulässig sind in diesem Zusammenhang Ratschläge und Hinweise, die aus der Sicht eines neutralen Betrachters als Ausübung der Heilkunde gedeutet werden könnten, weil Schlussfolgerungen aus den Ergebnissen gezogen werden, die dem ärztlichen Tätigkeitsfeld überlassen bleiben müssen. Insoweit liegt auch kein Verstoß gegen § 25 Apothekenbetriebsordnung vor, vorausgesetzt, es handelt sich bei den verwendeten Blutdruckmeßgeräten um geeichte Geräte (vgl. insoweit Pfeil/Pieck/Blume Apothekenbetriebsordnung § 25 Rdnr. 9).

Anders wird die Situation – auch leider heute noch – von der Ärzteschaft im Bereich der Durchführung von Blutuntersuchungen gesehen. Die Apothekerschaft kann sich insoweit aber auf eine Stellungnahme des Bundesgesundheitsministeriums berufen, wonach die Durchführung solcher Untersuchungen und die Ermittlung entsprechender Ergebnisse nicht als Diagnosemaßnahme anzusehen seien, weil die Ausführung von physiologisch-chemischen Untersuchungen seit langem Gegenstand der Ausbildung sei und zum Berufsbild des Apothekers gehöre. Im Übrigen trügen derartige Screening-Maßnahmen der Apotheke auch dazu bei, Krankheiten frühzeitig zu entdecken (vgl. Pharm. Ztg. 1988, S. 20).

Als Zwischenergebnis ist also festzuhalten, dass allein die Durchführung von Blutdruckmessaktionen, Venenmessungen und sonstigen physiologisch-chemischen Untersuchungen keinen Wettbewerbsverstoß darstellt, weil dem Apotheker diese Tätigkeit grundsätzlich erlaubt ist, wenn er sich in den oben aufgezeigten Grenzen hält.

Inzwischen dürfte sich auch – insbesondere auf der Grundlage der oben zitierten Entscheidung des OLG Düsseldorf – die Auffassung durchgesetzt haben, dass es dem Apotheker nicht erlaubt ist, derartige Untersuchungen kostenlos durchzuführen. Zwar hatte das Oberlandesgericht Stuttgart in einer Entscheidung aus dem Jahre 1978 (Urteil vom 19. Mai 1978 zum Az. 2 U 40/78) gebilligt, dass ein Warenhaus in seinen Geschäftsräumen das kostenlose Messen des Blutdrucks durch Fachkräfte angekündigt und vorgenommen hatte, wobei auch noch der Werbeprospekt einer Herstellerin von Blutdruckmessgeräten verteilt worden war; diese Entscheidung ist aber durch das OLG Düsseldorf, die einhellige Kommentarliteratur und zumindest eine weitere, wenn auch nicht veröffentlichte Entscheidung des Landgerichts Magdeburg vom 10. Oktober 1997 sowie eine seit November 1998 rechtskräftige Entscheidung des Oberlandesgerichtes München überholt. Sowohl das Landgericht Magdeburg als auch das OLG München und das OLG Düsseldorf haben die kostenlose Durchführung von Blutdruck- oder Venenmessungen als wettbewerbswidrig unter dem Gesichtspunkt des »psychologischen Kaufzwangs« angesehen. Im Gegensatz zu anderen Dienstleistungen des Apothekers müsse der Kunde bei der Entgegennahme von physiologisch-chemischen Untersuchungen aus seiner Anonymität heraustreten und gerate in einen engen persönlichen Kontakt mit dem Apotheker oder dessen Personal. Jedem Kunden sei bewusst, dass er eine geldwerte Leistung von dem Apotheker erhalte und darüber hinaus noch den Vorteil habe, dass er sich den Weg zum Arzt erspare, der üblicher-

weise mit einem nicht unerheblichen Zeitaufwand verbunden sei. Deshalb fühle sich der Kunde typischerweise moralisch verpflichtet, in der Apotheke auch etwas zu kaufen. Jedenfalls gehe er davon aus, dass dieses von ihm erwartet werde und er »schief angesehen« werde, wenn er die Apotheke ohne weitere Einkäufe wieder verlasse. Kein Kunde möchte in diesem Zusammenhang als »Nassauer« erscheinen, der unentgeltlich Leistungen in Anspruch nehme, ohne sich dafür auch erkenntlich zu zeigen. Dies sei ein klassischer Fall des psychologischen Kaufzwanges, bei dem eine Ware nicht wegen ihrer Güte und Preiswürdigkeit sondern nur anstandshalber gekauft werde, weil es peinlich sei, in der konkreten Situation nichts zu kaufen. Dieser Argumentation ist weder tatsächlich noch rechtlich etwas entgegenzuhalten.

Von manchen Apothekern, die das Blutdruckmessen kostenlos anbieten wollen, um insoweit ein vermeintliches Wettbewerbsinstrumentarium fruchtbar zu machen, wird eine Entscheidung des Bundesgerichtshofes zum »Gratis-Sehtest« beim Optiker zitiert (BGH NJW 1987, S. 3006), aus der diese Apotheker ableiten, auch in der Apotheke müsste eine kostenlose Blutdruckmessung zulässig sein. Beide Fälle sind jedoch – wie das Landgericht Magdeburg zutreffend festgestellt hat – nicht vergleichbar. Das Gericht stellt insoweit auf zwei Aspekte ab:

Zum einen sei der kostenlose Sehtest bei Optikern absolut branchenüblich, zum anderen komme es auch entscheidend auf das Verkaufssortiment an. Ein Optikergeschäft und eine Apotheke seien insoweit überhaupt nicht vergleichbar. Der Optiker biete nur Sehhilfen nebst Zubehör an. Wenn der durchgeführte Sehtest ergebe, dass der Kunde tatsächlich eine Sehhilfe benötige, erwarte der Optiker aus der Sicht des Kunden nicht von ihm, dass er sofort eine Sehhilfe kauft oder Zubehör im voraus erwirbt. Insoweit bestehe auch kein psychologischer Kaufzwang. Falls der Sehtest positiv ausfalle, bestehe ohnehin keine Veranlassung für den Kunden, irgendeinen Artikel aus dem Optikergeschäft zu erwerben. Beide Fälle seien deshalb nicht vergleichbar.

Zusammenfassend lässt sich deshalb zur Frage der Entgeltlichkeit der Blutdruckmessung festhalten, dass nach inzwischen allgemeiner Ansicht eine kostenlose physiologisch-chemische Untersuchung in der Apotheke nicht zulässig ist. Entsprechend sind auch die meisten Berufsordnungen formuliert.

An dem oben aufgezeigten Ergebnis ändert sich auch nichts, wenn die Blutdruckmessaktion außerhalb der Apothekenräume durchgeführt wird, beispielsweise an einem Tisch, der vor der Apotheke aufgebaut wird oder im Rahmen von Diabetikermessen etc. Insoweit hat das OLG München in der oben zitierten Entscheidung (BG-AP 5/98) zu Recht darauf hingewiesen, dass der Apotheker, der eine Blutdruckmessaktion vor seiner Apotheke durchführt, zwar für den Kunden keine eindeutige psychologische Zwangssituation herbeiführt, in jedem Fall aber gegen § 1 Apothekengesetz verstößt, weil Apothekendienstleistungen immer nur innerhalb der Offizin durchgeführt werden dürfen. Man kann also feststellen, dass nach einhelliger Rechtsprechung das kostenlose Blutdruckmessen in jeder denkbaren Konstellation unzulässig ist.

Abschließend noch der Hinweis, dass das Verbot der kostenlosen Blutdruckmessung naturgemäß auch nicht dadurch unterlaufen werden darf, dass ein »Scheinentgelt« erhoben wird. Wird beispielsweise eine Blutdruckmessung für 0,10 DM angeboten, so ist dies ein offenkundiges Scheinentgelt, das ebenso wettbewerbsrechtlich abgemahnt werden könnte wie die Gratis-Untersuchung.

ULRICH LAUT

Problemfall Eröffnungswerbung

Wer eine Apotheke eröffnet, kann hierfür werben. Die typischen Probleme soll folgender Fall verdeutlichen: Apotherkerin Amanda Semper-Fidelis eröffnet in Kürze ihre Apotheke. Sie will dies in den örtlichen Zeitungen bekannt machen und darüber hinaus einen DIN-A4-Zettel an die Haushalte des Ortes verteilen lassen. In den Zeitungsanzeigen und in den Handzetteln soll gleichermaßen auf die Eröffnung der Apotheke hingewiesen werden.

Hierzu sollen Eröffnungsangebote für Kosmetika und Vitamintabletten gemacht werden. Darüber hinaus will die Apothekerin in der Eröffnungswoche kostenlos Blutdruck messen und ein Preisausschreiben für Kinder veranstalten. Auch soll jeder Kunde einen kleinen Solartaschenrechner erhalten, um seine jährlichen Zuzahlungen für Arzneimittel addieren zu können. Der Taschenrechner hat die Aufschrift »Mit uns können Sie rechnen. Elch-Apotheke«.

Die Anzeige soll in der Größe einer Postkarte erscheinen und überschrieben sein mit: »Machen Sie den ›Elch-Test‹. Bei unseren Eröffnungspreisen fallen Sie um« (siehe fiktives Muster auf der nächsten Seite).

Es stellt sich nunmehr die Frage, in welchem Umfang Werbung für die Eröffnung einer Apotheke zulässig ist.

Allgemein kann man hierzu sagen, dass Eröffnungsangebote kurz vor der Eröffnung oder im zeitlichen Zusammenhang kurz nach Neu- oder Wiedereröffnung einer Apotheke zulässig sind. Bei seiner Geschäftseröffnung wird sich ein Apotheker in aller Regel seine Kundschaft nicht allein durch Hinweise auf die Tatsache der Eröffnung, sondern darüber hinaus durch besonders günstige Angebote auf seine Apotheke aufmerksam machen wollen. Derartige Eröffnungswerbung ist zulässig, wenn sich die werbliche Ankündigung nicht als Verkaufsveranstaltung außerhalb des regelmäßigen Geschäftsbetriebes darstellt.

Hierbei muss man zwischen so genannten Sonderangeboten und Sonderveranstaltungen unterscheiden. Beispielsweise ist ein Eröffnungsverkauf unzulässig, da er eine Sonderveranstaltung darstellt. Hierbei werden alle oder zumindest ein Großteil der Waren günstiger angeboten, was bei Apotheken schon auf Probleme wegen der Geltung der Arzneimittelpreisverordnung stößt. Sonderangebote im Rahmen der Apothekeneröffnung sind jedoch im Bereich des Nebensortiments zulässig.

Die gesetzliche Grundlage finden diese kleinen aber feinen Unterscheidungen in § 7 des Gesetzes gegen den unlauteren Wettbewerb (UWG). Nach § 7 Abs. 2 UWG handelt es sich um Sonderangebote, wenn einzelne nach Güte oder Preis gekennzeichnete Waren angeboten werden und diese Angebote sich in den regelmäßigen Geschäftsbetrieb der Apotheke einfügen. Es muss sich also um einzelne Waren handeln, diese müssen apothekenüblich sein und nach Preis oder Güte erkennbar. In unserem Beispielfall wird Waschi-Kosmetik ebenso angeboten wie Sausebrause-Multivitamintabletten. Bei der Kosmetik ist die Ware in Form der Waschlotion klar zu erkennen. Bei Sausebrause-Multivitamintabletten ist die Spezifizierung über die Stückzahl dargelegt.

Auch die zeitliche Begrenzung des Angebotes ist erkennbar, da es sich um Eröffnungspreise handeln soll. Nach der allgemeinen Verkehrsauffas-

---

- »Machen Sie den ›Elch-Test‹. Bei unseren Eröffnungspreisen fallen Sie um.«
- Waschi-Kosmetik Waschlotion DM 3,99 (Herstellerempfehlung DM 6,99).
- Sausebrause-Multivitamintabletten 10 Stück DM 0,99 (Herstellerempfehlung DM 1,99).
- Bei uns wird's Ihnen warm ums Herz. In der Eröffnungswoche Wärmflaschen zum halben Preis für nur DM 15,00.
- Kommen Sie zur Eröffnung! In der Eröffnungswoche kostenloses Blutdruckmessen.
- Preisrätsel für unsere kleinen Kunden – Teilnahmeberechtigt sind Kinder bis zwölf Jahre.
- Jeder Kunde erhält einen Solartaschenrechner.
- Ihre Elch-Apotheke – Ahh-Klasse.

---

sung ist davon auszugehen, dass die Preise nicht nur am Eröffnungstag gelten, sondern solange der Vorrat reicht, jedoch im zeitlichen Zusammenhang mit der Eröffnung. Nötig ist, dass die Preise nur vorübergehend gelten. Besonders deutlich wird dies am Beispiel der Wärmflaschen, bei denen ausdrücklich auf die Eröffnungswoche hingewiesen wird.

Insgesamt ist darauf zu achten, dass Wiedereröffnungen von Neueröffnungen zu unterscheiden sind. Was man unter einer Neueröffnung versteht, bedarf keiner weiteren Darstellung. Hiervon zu unterscheiden ist die Wiedereröffnung, die jedoch voraussetzt, dass die Apotheke geschlossen war. Eine Wiedereröffnung nach einem Umbau, währenddessen der Apothekenbetrieb weiterlief, ist weder eine Eröffnung noch eine Wiedereröffnung, sodass entsprechende Werbung unzulässig ist.

Neben dem reduzierten Warenpreis sind bei der Eröffnung einer Apotheke auch Eröffnungsangebote in Bezug, auf Dienstleistungen möglich. Wichtig ist, dass die Dienstleistung apothekenüblich ist und nicht kostenlos erfolgt, sondern eine Schutzgebühr genommen wird. In manchen Apothekerkammern – zum Beispiel Hessen – ist es möglich darauf hinzuweisen, dass diese Schutzgebühr einem gemeinnützigen Zweck gespendet wird, Allgemeingültigkeit hat diese Regel jedoch nicht. Der gemeinnützige Zweck muss aber mit dem Anlass in Zusammenhang stehen. Zu der Werbung für Dienstleistungen in Apotheken wird ein gesonderter Artikel in der PZ erscheinen.

Bei Eröffnungswerbemaßnahmen werden häufig kleinere Geschenke verteilt, die natürlich auf die Eröffnung der Apotheke aufmerksam machen sollen. Derartige Werbegaben sind nach den wettbewerbsrechtlichen Vorschriften zulässig, wenn sie nicht geeignet sind, den Kunden unsachlich zu beeinflussen. Feste Wertgrenzen für diese Zuwendung von geringem Wert lassen sich nicht ziehen. Das Gebot der maßvollen Zuwendung ist jedoch überschritten, wenn das Geschenk eine unsachliche Beeinflussung, also einen psychologischen Kaufzwang ausübt. Dieser liegt vor, wenn der Kunde sich moralisch verpflichtet fühlt, im Gegenzug etwas zu kaufen, um nicht als Schmarotzer dazustehen. Eine maßvolle Gabe bei Sonderveranstaltungen bei der Eröffnung einer Apotheke sieht die Rechtsprechung als wettbewerbsrechtlich zulässig an. Maßvoll sind Geschenke, die in den Verkehrskreisen als geringwertig angesehen werden.

In unserem kleinen Fallbeispiel wird der Solartaschenrechner von dem zulässigen Werbeumfang umfasst. Es handelt sich jedoch um einen Grenzfall, sodass es sich empfiehlt, jede einzelne Maßnahme juristisch prüfen zu lassen. Die Geschenke bei der Eröffnung einer Apotheke sind zu unterscheiden von einer allgemeinen Zugabe. Hiermit in Zusammenhang stehende Rechtsfragen würden den Umfang dieses Beitrages sprengen, sodass sie einer gesonderten Erörterung vorbehalten sind.

Die dargestellte Werbemaßnahme insgesamt ist von Größe und Inhalt nicht übertrieben. Zu beachten sind hier jedoch die verschiedenen landesrechtlichen Verbote der einzelnen Berufsordnungen. Von der Größe her hält sie sich im Rahmen dessen, was bei einer Eröffnung angemessen ist. Die Anzeige ist auch nicht marktschreierisch, obgleich sie natürlich Assoziationen mit anderen Elch-Tests für ihre Aufmerksamkeit nutzt. Problematisch ist neben dem – wie wir festgestellt haben – unzulässigen kostenlosen Blutdruckmessen die Veranstaltung eines Preisausschreibens für Kinder. Die Probleme, die mit Preisausschreiben entstehen, können Sie dem Beitrag »Preisausschreiben, Preisrätsel, Gratisverlosungen, Gewinnspiele« entnehmen.

Insgesamt gilt bei der Eröffnungswerbung, wie bei jeder Werbemaßnahme:

Die Werbemaßnahme muss dem Ansehen des Apothekers als Heilberufler gerecht werden und mit der jeweiligen Berufsordnung in Einklang stehen. Im Zweifel sollte daher mit der jeweiligen Kammer Rücksprache gehalten oder Zurückhaltung geübt werden.

Unzulässige Alleinstellungswerbung

Wird eine Werbung von einem nicht unerheblichen Teil des Publikums so verstanden, dass der Werbende für sich eine Spitzenstellung auf dem Markt in Anspruch nimmt, so liegt eine Alleinstellung vor. Dies ist nicht nur der Fall, wenn der Werbende behauptet, keinen Mitbewerber zu haben, sondern auch, wenn er zum Ausdruck bringt, seine Mitbewerber zu »übertreffen«. Der Tatbestand der irreführenden Werbung (§ 3 UWG) kann erfüllt sein, wenn ein Unternehmen als das »größte« oder »erste« bezeichnet wird.

In zwei Fällen war zu entscheiden, ob die werbende Apotheke eine »Spitzenstellung« behauptet hat und ob gegenüber den Mitbewerbern tatsächlich eine herausragende Stellung existiert.

Fall 1

Eine Apotheke hat in ihrem Logo zusätzlich zur Firmierung folgenden Text aufgenommen:

»A's 1. Apotheke – seit 1704 im Familienbesitz«. Es handelt sich nachweislich um die erste am Ort etablierte Apotheke. Auch der Hinweis auf das Alter der Apotheke ist zutreffend. Nicht entscheidend ist jedoch, wie der Werbende seine Angaben verstanden wissen will. Maßgebend sind die angesprochenen Verkehrskreise. Dabei kommt es darauf an, wie der Durchschnittsleser eine Werbeaussage bei flüchtiger Prüfung und Würdigung des Inhalts versteht. Die Feststellung, ob eine Werbeaussage irreführend ist, hängt entscheidend davon ab, an welchen Personenkreis sich die Werbung wendet. Ist das breite Publikum angesprochen, so ist ein Durchschnittsmaßstab für die Beurteilung maßgebend.

Die Bedeutung, die die Bezeichnung »erstes Unternehmen am Ort« hat, kann unterschiedlich sein. Die Aussage kann im zeitlichen Sinn als »ältestes Unternehmen« zu verstehen sein, insbesondere wenn die Jahreszahl hinzugefügt wird, sie kann aber auch als »größtes Unternehmen« eine Spitzenstellung am Ort zum Ausdruck bringen.

Die Werbung mit dem Alter des Unternehmens ist insofern beliebt, als damit eine langjährige Tradition zum Ausdruck gebracht wird und Werte wie Leistungskraft, Solidität und Zuverlässigkeit mit der Altersangabe verbunden werden. Das Publikum rechnet bei einem alten Unternehmen mit Vorzügen, die ein junger Betrieb nicht aufzuweisen hat.

Apotheken genießen ganz allgemein eine Wertschätzung, die in heutiger Zeit in erster Linie von der Beratungskompetenz abhängt. In den Hintergrund getreten sind demgegenüber Produkte und Leistungen in Eigenherstellung, die das Bild der Apotheken in früheren Zeiten unverwechselbar geprägt haben.

Wenn sich die älteste Apotheke am Ort zugleich als die »erste« in der Öffentlichkeit präsentiert, muss mehr als das bloße Alter diese Bewertung rechtfertigen. Bei Apotheken ist die Behauptung einer Spitzenstellung auch nicht von der Höhe des Umsatzes abhängig. Es müssen zusätzliche Qualifikationen hinzukommen, um eine derartige Aussage zu rechtfertigen. In aller Regel lässt sich eine derart herausragende Stellung nicht belegen.

In dem vorbeschriebenen Fall hat das Apotheker-Berufsgericht in der Herausstellung als »1. Apotheke« eine mehrdeutige Angabe gesehen, die irreführend ist, da sie von einem maßgebenden Teil der angesprochenen Verkehrskreise in einem Sinne verstanden wird, der den tatsächlichen Verhältnissen nicht entspricht.

Der Gerichtshof für die Heilberufe hat in zweiter Instanz die Entscheidung bestätigt und in den Gründen ausgeführt, dass aus der Sicht eines flüchtigen und unkritischen Adressaten die Einzelangabe »1. Apotheke« den Aussagegehalt prägt, insbesondere, da diese Angabe drucktechnisch, also blickfangmäßig herausgestellt ist. Wird eine derartige Einzelangabe vom flüchtigen Verkehr ohne Zusammenhang mit den übrigen Bestandteilen wahrgenommen, ist eine isolierte Betrachtung geboten.

Auch wenn aus beiden Firmenbestandteilen eine Gesamtaussage abgeleitet wird, so ist in dem Zusatz »seit 1704 im Familienbesitz« nicht notwendigerweise eine Erläuterung der vorangegangenen Zeile zu sehen. Vielmehr kann dem Text die – objektiv falsche – Gesamtaussage entnommen werden, bei der Apotheke handele es sich zum einen um die beste Apotheke am Ort, und zum anderen befindet sich der Betrieb seit 1704 im Familienbesitz. Wenn der gründliche Leser bereits einer Irreführung ausgesetzt ist, gilt dies um so mehr für den flüchtigen Betrachter, auf den es wegen des unbeschränkten Adressatenkreises der Firmierung ankommt.

Fall 2

Eine Alleinstellungswerbung kann auch der Gebrauch des »bestimmten Artikels« auslösen (zum Beispiel – das – Eau de Cologne, Köln, GR 53, 396). Der bestimmte Artikel ist jedoch ein so häufiges Werbemittel, dass schon besondere Umstände vorliegen müssten, um eine Alleinstellung anzunehmen.

Zu beurteilen war folgender Fall: In der Ortschaft Breitenfeld (Name geändert) gab es eine Apotheke unter der Firmierung »Apotheke Breitenfeld«. Nach Gründung einer zweiten Apotheke würde die Firmierung in »die Apotheke Breitenfeld« geändert, um sich von der zweiten, später hinzugekommenen Apotheke abzuheben.

Da Apotheken in aller Regel nur dann den Ortsnamen in der Firmierung führen, wenn sie allein am Ort sind, ist die Hervorhebung durch den Gebrauch des bestimmten Artikels erst recht geeignet, den Eindruck zu erwecken, dass es sich um die größte, älteste und beste Apotheke am Ort handelt. Dies kann insbesondere dann der Fall sein, wenn der Artikel drucktechnisch hervorgehoben ist oder der Akzent auf ihm liegt. Im vorliegenden Fall hat der Artikel mehr die Funktion eines gestalterischen Elementes und dient dazu, in einem neuen Logo zu einer einheitlichen neuen Wortschöpfung »die Apotheke« zu gelangen. Die angesprochenen Verkehrskreise dürften in der zusammengesetzten Schreibweise eher ein eigenwilliges Wortspiel sehen und dem bestimmten Artikel nicht die Bedeutung der besonderen Hervorhebung im Sinne einer Vorrangstellung einräumen. Eine berufsrechtliche und wettbewerbsrechtliche Ahndung dieser Firmierung ist deshalb auch nicht erfolgt.

Resümee

Die Gestaltung der Firmenbezeichnung kann eine irreführende Werbung in Form einer Alleinstellungswerbung beinhalten. Zu beanstanden sind Übertreibungen, die beim breiten Publikum den Eindruck einer nicht gerechtfertigten Ausnahmestellung erwecken.

Werbung mit Selbstverständlichkeiten

Eine besonders praxisrelevante Fallgruppe des wettbewerbsrechtlichen Irreführungsverbotes, um deren Konturen sich eine Reihe von Fragen rankt, ist die Werbung mit Selbstverständlichkeiten.

Die Vorschrift des § 3 des Gesetzes gegen den unlauteren Wettbewerb (UWG) verbietet irreführende Angaben im geschäftlichen Verkehr über geschäftliche Verhältnisse zu Zwecken des Wettbewerbs. Der Schutz der Verbraucher vor Täuschungen stellt eines der wichtigsten Grundprinzipien des Wettbewerbsrechts dar. Die überragende Bedeutung des Täuschungsverbotes im Wettbewerbsrecht kommt in der genannten Vorschrift besonders zum Ausdruck.

Vorgehensweise bei der Prüfung einer Irreführung

Irreführend ist eine Angabe, wenn die Vorstellungen, die die Umworbenen über ihre Bedeutung haben, mit den wirklichen Verhältnissen nicht im Einklang stehen. Die Prüfung der Irreführung durch Werbeaussagen erfolgt in zwei wesentlichen Schritten. Als Erstes ist zu klären, an welche Zielgruppen sich eine Werbebehauptung wendet. Es liegt nämlich auf der Hand, dass Fachleute Werbebehauptungen ganz anders aufnehmen und verstehen als das breite Publikum.

Als Nächstes wird geprüft, wie ein nicht ganz unerheblicher Teil der angesprochenen Verkehrskreise die fragliche Behauptung versteht. Nur dieser Sinn ist dann für die Anwendung der

wettbewerbsrechtlichen Vorschriften maßgeblich, während es nicht darauf ankommt, wie der Gewerbetreibende selbst seine Werbeangabe verstanden wissen wollte oder welcher Sinn ihr bei sorgfältiger Prüfung etwa durch Sprachforscher oder auf der Grundlage des allgemeinen Sprachgebrauches zukommt. Maßgeblich ist vielmehr allein der Sinn, den der Verbraucher der werbenden Angabe bei der für die Wahrnehmung von Werbebehauptungen üblichen, oberflächlichen Betrachtungsweise beimisst.

Irreführung durch objektiv falsche Angaben

Irreführend ist eine Angabe dann, wenn ein objektiv falscher Tatbestand behauptet wird. Das ist beispielsweise der Fall, wenn der Werbende 1000 Töpfe einer bestimmten Sorte Tagescreme zum Verkauf anbietet, aber nur 500 vorrätig hat. Oder er kündigt an: »Jetzt alle Zahnbürsten 2 DM«, während ein Teil teurer ist.

Irreführung durch objektiv richtige Angaben

Irreführend kann eine Angabe aber auch dann sein, wenn sie objektiv richtig ist. Das ist dann der Fall, wenn bei einem nicht unerheblichen Teil der umworbenen Verkehrskreise mit einer objektiv richtigen Angabe ein unrichtiger Eindruck erweckt wird. Das kann nach Lage des Sachverhaltes bei Werbebehauptungen zutreffen, die etwas Selbstverständliches betonen.

Bei der Beurteilung der zu dieser Fallgruppe gehörigen Werbeaussagen ist zwar zu akzeptieren, dass vernünftigerweise von einem Werbungstreibenden nicht verlangt werden kann, eine gebührende Hervorhebung und Bevorzugung der eigenen Ware oder des eigenen Unternehmens zu unterlassen. Insofern wird man eine bloße neutrale Aussage über sämtliche Vor- und Nachteile einer Ware regelmäßig nicht erwarten können. Jedoch stößt die einseitige Betonung der Vorzüge dann an ihre Grenze, wenn in der Werbung bloße Selbstverständlichkeiten so herausgestellt werden, dass bei den über die Hintergründe nur oberflächlich informierten Verbrauchern der falsche Eindruck entsteht, es handele sich dabei um einen besonderen Vorzug der beworbenen Ware.

Hervorhebung gesetzlich vorgeschriebener Eigenschaften

Nach den bisherigen Überlegungen können Werbebehauptungen, die etwas Selbstverständliches betonen, ungeachtet ihrer objektiven Richtigkeit irreführend sein.

Das ist insbesondere dann der Fall, wenn gesetzlich vorgeschriebene Eigenschaften oder zum Wesen der angebotenen Ware oder Leistung gehörende Umstände besonders hervorgehoben werden. Das unkundige Publikum, das die Selbstverständlichkeit nicht erkennt, nimmt in irriger Weise an, es werde mit einem Vorzug gegenüber anderen Waren gleicher Gattung oder Konkurrenzangeboten ge-

worben, während in Wahrheit die Eigenschaften und Umstände bei allen Wettbewerbern und Konkurrenzwaren vorliegen müssen und daher selbstverständlich sind.

Insbesondere der Bereich des Apothekenbetriebsrechts ist mit einer großen Dichte gesetzlicher Verpflichtungen belegt. Dies wiederum ist im Bewusstsein der Bevölkerung nicht in entsprechend ausgeprägtem Maße bekannt. Dadurch wird eine beträchtliche Anzahl möglicher Täuschungstatbestände eröffnet.

Apothekerinnen und Apothekern ist es zunächst untersagt, eine bevorzugte Stellung der eigenen Apotheke im Hinblick auf Serviceleistungen, zu denen sie gesetzlich verpflichtet sind, herauszustellen.

Hinweis auf einen »kostenlosen fachmännischen Rat«

Das Bundesverfassungsgericht hat in seinem bekannten Beschluss vom 22. Mai 1996[1] die Verurteilung eines Apothekers nicht beanstandet, der in einer lokalen Broschüre den »kostenlosen fachmännischen Rat« seiner Apotheke zu Arzneimitteln und deren Gebrauch angeboten hatte. Das Gericht teilte insofern die Auffassung des Bayerischen Berufsgerichts, das den Apotheker wegen der Verletzung seiner Berufspflichten verurteilt hatte. Als irreführend wurde hier nicht der Hinweis auf die Beratung in Arzneimittelfragen an sich beanstandet. Unzulässig sei es vielmehr, die Kostenlosigkeit einer Beratung besonders herauszustel-

---

[1] Bundesverfassungsgericht, Beschluss vom 22. Mai 1996, Az.: 1 BvR 744/88, 1 BvR 60/89, 1 BvR 1519/91; BVerfGE 94, S. 373ff.; PZ 1996, Heft 33, S. 90ff.

len, die bereits gesetzlich, nämlich in § 20 Apothekenbetriebsordnung, vorgesehen sei.

Hinweis auf eine »Zustellung im begründeten Einzelfall«

In einem weiteren gerichtlich entschiedenen Einzelfall wurde der Hinweis auf eine »Zustellung im begründeten Einzelfall« und auch die Werbung für eine »Zustellung in Notfällen« als unzulässig beurteilt. Zwar bewegt sich der Werbende mit diesem Angebot auf dem Boden des § 17 Apothekenbetriebsordnung. Im begründeten Einzel- oder im Notfall ist jedoch jeder Apotheker gesetzlich verpflichtet, Hilfe zu leisten. Das bedeutet, dass er zum Beispiel einem bettlägerigen Patienten, der dringend ein Medikament benötigt, dieses zukommen lassen muss. Wenn er dies nicht täte, würde er sich gegebenenfalls wegen unterlassener Hilfeleistung strafbar machen.

Indem der Werbende eine Zustellung in begründeten Einzel- oder Notfällen anbietet, wirbt er in wettbewerbsrechtlich unzulässiger Weise mit einer Selbstverständlichkeit, da beim unbefangenen Leser der unzulässige Anschein erweckt wird, dass in der betroffenen Apotheke ganz besondere Leistungen erbracht werden[2].

Hinweis auf ein »großes Arzneimittellager«

Weiterhin taucht in zahlreichen Werbeanzeigen immer wieder der Hinweis auf ein »großes Arzneimittellager«

auf[3]. Zwar darf nicht übersehen werden, dass im Apothekenalltag eine Tendenz besteht, die Lagerhaltung der Apotheke gleichsam auf den Großhandel zu verlagern und nachgefragte Arzneimittel in kürzester Zeit nachzubestellen. Vor diesem Hintergrund mag es für den einen oder anderen gerade keine Selbstverständlichkeit sein, noch eine große Menge Arzneimittel vorrätig zu halten.

Jedoch ist in § 15 Apothekenbetriebsordnung geregelt, dass der Apothekenleiter die zur Sicherstellung einer ordnungsgemäßen Arzneimittelversorgung der Bevölkerung notwendigen Arzneimittel in einer Menge vorrätig zu halten hat, die mindestens dem durchschnittlichen Bedarf für eine Woche entspricht. Somit ist es bereits gesetzlich vorgesehen, dass der Apotheker eine umfangreiche Lagerhaltung betreibt, wobei der Wortlaut der genannten Vorschrift bereits einen erheblichen Umfang vorgibt. Da der Kunde die zugrunde liegende gesetzliche Verpflichtung nicht kennt, ist der genannte Hinweis irreführend.

Die Attribute »gesundheits-und umweltbewusst«

Das Oberlandesgericht Frankfurt hatte sich in demselben Beschluss auch damit auseinander zu setzen, ob eine Apotheke in Zeitungsanzeigen mit den Attributen »gesundheits- und umweltbewusst« werben darf. Es hat entschieden, dass die Verwendung des Hinweises »gesundheits- und umweltbewusst« im Zusammenhang mit der

---

[2] So das Berufsgericht für Heilberufe beim Oberlandesgericht München, Urteil vom 14. Mai 1997, Az.: BG-Ap 5/93, S. 5.

[3] Dazu Beschluss des Oberlandesgerichts Frankfurt vom 5. April 1991, Az.: 25 U 344/90.

Apotheke Eigenschaften betone, die nach den berufsständischen Vorstellungen für jeden Apotheker selbstverständlich seien[4].

Hervorhebung einer besonderen Stellung des Apothekenpersonals

Die Wettbewerbsregeln können nicht nur dann verletzt sein, wenn die Stellung der Apotheke und ihre Dienstleistungen rechtswidrig hervorgehoben werden. Dies kann auch dadurch geschehen, dass eine besondere Stellung des Apothekenpersonals vorgetäuscht wird. Der Hinweis, dass das »Apothekenteam immer für eine Beratung zur Verfügung stehe«, wurde in diesem Zusammenhang für unzulässig gehalten[5].

Hinweise sind nicht stets zu beanstanden

Hinweise auf Umstände, die bei allen Wettbewerbern in gleichem Maße vorliegen, sind nicht stets unzulässig.

Wegfall der Irreführung

Eine Irreführung scheidet aus, wenn das Publikum die Selbstverständlichkeit der betonten Eigenschaft erkennt. Danach ist beispielsweise der Hinweis »Bei uns gibt es auch Körperpflegemittel« keine irreführende Betonung eines im Rahmen des § 25 Apothekenbetriebsordnung zulässigen und inzwischen selbstverständlichen Angebotes einer Apotheke. In Anbetracht des heutigen Erscheinungsbildes einer durchschnittlichen Apotheke kann schlechterdings nicht angenommen werden, dem Kunden sei es unbekannt, dass in Apotheken neben Arzneimitteln erwartungsgemäß auch Körperpflegeprodukte vorrätig gehalten werden.

Eine Irreführung kann aber auch dann entfallen, wenn der Werbende eine eigene Leistung besonders herausstellt, die weder gesetzlich vorgeschrieben ist noch zum Wesen der Ware gehört, sondern freiwillig erfolgt. Mit einem solchen Hinweis wird zwar eine Selbstverständlichkeit zum Ausdruck gebracht, wenn sie im Geschäftsverkehr durchweg üblicherweise erbracht wird; aber die Herausstellung ist nicht zwingend geeignet, den Verkehr in rechtlich relevanter Weise irre zu führen. Der entscheidende Unterschied zu der wettbewerbsrechtlich unzulässigen Fallgestaltung besteht darin, dass ein solcher Hinweis nicht auf die Behauptung eines Vorzuges gegenüber Mitbewerbern abzielt, sondern nur klargestellt werden soll, dass der Werbende auch die übliche Leistung erbringt.

Erbringt der Apotheker außerhalb des normierten Bereiches eine in Apotheken übliche Dienstleistung, zum Beispiel die Überprüfung des Inhaltes eines Autoverbandkastens, und bewirbt er diesen Service als kostenlos, so liegt keine unzulässige Werbung mit Selbstverständlichkeiten vor, da diese Leistung aufgrund allgemeiner Übung freiwillig und unentgeltlich angeboten wird.

Ergebnis

Zusammenfassend ist zu sagen, dass eine wettbewerbsrechtlich relevante Täuschungshandlung immer voraus-

---

[4] Beschluss des Oberlandesgerichts Frankfurt vom 5. April 1991 a.a.O., vgl. dazu auch Rotta, DAZ 1991, S. 977.
[5] Ebenfalls besagter Beschluss des Oberlandesgerichts Frankfurt vom 5. April 1991 a.a.O.

setzt, dass der Adressat überhaupt getäuscht werden kann. Hat der Umworbene nachweislich zutreffende Vorstellungen über den von der Werbeaussage betroffenen Bereich, scheidet eine Irreführung aus.

»Shop-in-shop-Werbung«

Amanda Semper-Fidelis wird in ihrer Apotheke von dem Außendienstvertreter Will DeGier besucht. Dieser erzählt ihr, sie müsse unbedingt in ihrer Apotheke einen eigenständigen Dienstleistungszweig, am besten mit Sanitätsartikeln, einrichten. Aus Erfahrung klug geworden, fragt sie an, ob und in welchem Rahmen dies möglich ist und ob sie hierfür auch werben dürfe.

Unter »Shop-in-shop-Werbung« versteht man die Werbung einer Apotheke mit einem in die Apotheke integrierten eigenständig beworbenen Dienstleistungszweig.

Aus den Regelungen der Apothekenbetriebsordnung ergibt sich, dass es sich hierbei nur um eine Dienstleistung handeln darf, die mit der apothekerlichen Tätigkeit in Zusammenhang steht. Es muss sich daher um eine Dienstleistung rund um das Arzneimittel oder die apothekenüblichen Waren gemäß § 25 der Apothekenbetriebsordnung handeln. Sofern im Rahmen des Shop-in-shop-Konzeptes Waren angeboten werden sollen, darf es sich nur um Waren gemäß § 25 der Apothekenbetriebsordnung handeln.

Zulässig wäre es beispielsweise, wenn Amanda Semper-Fidelis Fernreise-Impfberatung in ihrer Apotheke als besonderen Dienstleistungsbereich anbieten wollte. Unzulässig wäre es dagegen, würde sie zusätzlich auch Fernreisen vermitteln. Hierbei handelt es sich nicht um eine Tätigkeit, die üblicherweise zum Apothekenbetrieb gehört.

Räumlich ist notwendig, dass die Dienstleistung in der Offizin angeboten wird, wobei gegebenenfalls die Vertraulichkeit der Beratung zu gewährleisten ist. Dies ergibt sich aus der Regelung in § 4 Abs. 1 der Apothekenbetriebsordnung, der zufolge die Betriebsräume geeignet sein müssen, einen ordnungsgemäßen Apothekenbetrieb zu ermöglichen. Sie müssen in einwandfreiem hygienischem Zustand gehalten werden, weshalb aus hygienischen und sicherheitstechnischen Gründen nur die Offizin für die Kunden zugänglich sein darf. Das Betreten anderer Räume, insbesondere des Labors und der Rezeptur ist den Kunden nicht gestattet.

Bei dem Problem des Angebotes Shop-in-shop ist ebenfalls zu berücksichtigen, dass es sich um einen in die Apotheke integrierten Unternehmensteil handeln muss. Sofern Amanda Semper-Fidelis ein Sanitätshaus neben ihrer Apotheke betreiben will, muss dies nach der Regelung in § 4 Abs. 5 der Apothekenbetriebsordnung von den Apothekenbetriebsräumen durch Wände und/oder Türen abgetrennt sein. Die Betriebsräume der Apotheke und eines anderen Unternehmens, beispielsweise eines Sanitätshauses, dürfen keine räumliche Einheit bilden. Eine solch unzulässige Betriebseinheit liegt dann vor, wenn ein unmittelbarer räumlicher Zusammenhang zwischen der Apotheke und dem Betrieb besteht und ein unbefangener Beobachter von einem einheitlichen Betrieb ausgehen kann oder muss. Wichtig ist, dass es sich dann um zwei eigenständige Unternehmen handelt. Diese können durch Türen miteinander verbunden sein, jedoch müssen diese Türen geschlossen sein. Ein Aufstehen der Türen zwischen den Betrieben während der Öffnungszeiten beider Unternehmen ist unzulässig. Ebenso ist wichtig, dass beide Betriebe einen Zugang zu öffentlichen Verkehrsflächen haben. Unzulässig ist es damit, wenn man das Zweitgeschäft nur durch die Apotheke betreten kann. Ebenso muss die Apotheke so gelegen sein, dass man nicht durch ein anderes Geschäft hindurch muss. Dies ergibt sich nicht nur deswegen, weil die Apotheke bei der Teilnahme am Notdienst für jedermann erreichbar sein muss.

Sofern Amanda Semper-Fidelis daher neben der Apotheke ein Sanitätshaus betreiben würde, müsste sie dies dem Regierungspräsidium beziehungsweise der Bezirksregierung anzeigen.

Amanda Semper-Fidelis dürfte also einen speziellen Dienstleistungszweig in ihrer Apotheke im Rahmen des zulässigen Sortiments ausbauen. Sie dürfte dies jedoch nicht als eigenes Unternehmen in der Apotheke führen, insbesondere dürfte sie nicht Dritten entsprechende Apothekenflächen zur Verfügung stellen.

Die Berufsordnungen enthalten kein ausdrückliches Verbot einer Shop-in-shop-Werbung. Auch hierbei gilt, wie bei Werbung insgesamt, dass diese grundsätzlich zulässig ist, sofern kein Verstoß gegen die Berufsordnung und

das Wettbewerbsrecht vorliegt. Eine Werbung mit besonderen Angeboten oder einem besonderen Sortiment in einem Spezialgebiet ist zulässig, siehe Beitrag »Werbung mit Sonderbezeichnungen«, Seite 30.

Ebenso zulässig ist es, in der Apotheke beispielsweise eine Kosmetikerin oder Fußpflegerin zu beschäftigen, und dann eine besondere Behandlung in der Apotheke anzubieten. Wer also einen Tätigkeitsschwerpunkt im Bereich der Kosmetikbehandlung setzen möchte, kann nicht nur diesen Geschäftszweig ausbauen, sondern auch hierfür speziell gesetztes Personal einsetzen. Dieses darf dann auch Kosmetikbehandlungen in der Apotheke durchführen. Selbstverständlich ist auch hier eine Bewerbung dieser besonderen Leistung möglich.

Unzulässig wird die Werbung dann, wenn sie die Kunden irreführt und den Kunden vorgaukelt, nur diese Apotheke verfüge über die Kenntnisse oder die Waren seien grundsätzlich nur dort zu beziehen.

Die Werbung mit einem zusätzlichen Dienstleistungsangebot oder einem speziellen Nebensortiment ist also dann zulässig, wenn es sich um apothekenübliche Waren oder Dienstleistungen handelt, die in der Offizin angeboten werden. Hinzu kommt, dass durch die Werbung für das Nebensortiment der Schwerpunkt der apothekerlichen Tätigkeit, nämlich die Beratung um das Arzneimittel und die Abgabe des Arzneimittels nicht in den Hintergrund treten dürfen.

Werbung mit Sonderbezeichnungen

Die Herausstellung einzelner besonderer Leistungen und Qualifikationen einer Apotheke ist ein wichtiges Element der Werbung für die einzelne Apotheke, weil die Apotheken in dem Kernbereich ihrer Tätigkeiten nicht in einem Preis-, sondern in einem reinen Leistungswettbewerb stehen. Auch bei der Werbung unter Bezugnahme auf besondere Leistungen sind aber die Grenzen zu beachten, die das Wettbewerbsrecht für die Werbung der Apotheke setzt.

Die Werbung mit besonderen Qualifikationen weist vielfältige Erscheinungsformen auf. Im Wesentlichen kann man zwischen Werbeaussagen unterscheiden, die sich auf besondere Tätigkeitsschwerpunkte der Apotheke beziehen, wie zum Beispiel Hinweise auf das Angebot einer speziellen Reiseimpfberatung oder der Beratung von Diabetikern, sowie Werbeaussagen, mit denen eine besondere fachliche Qualifikation des Apothekenleiters oder seiner Mitarbeiter herausgestellt wird. In allen Fällen ist zentraler Maßstab für die Prüfung der wettbewerbsrechtlichen Zulässigkeit einer solchen Werbung das Verbot der Irreführung nach § 3 des Gesetzes gegen unlauteren Wettbewerb (UWG). Diese Vorschrift verbietet es, zu Zwecken des Wettbewerbs über geschäftliche Verhältnisse irreführende Angaben zu machen. Zu diesen geschäftlichen Verhältnissen zählen unter anderem Angaben über Art und Umfang einzelner Leistungen oder des gesamten Angebots des Unternehmens.

Werden einzelne Dienstleistungen und Tätigkeitsgebiete beworben, führt dies zwangsläufig dazu, dass in den Augen der Kunden der Eindruck entsteht, es handele sich um eine besondere Dienstleistung, die die werbende Apotheke von anderen Apotheken unterscheidet. Die Werbung wäre daher irreführend, wenn die beworbene Leistung im Gegensatz zur Erwartungshaltung des Kunden von allen Apotheken oder zumindest der ganz überwiegenden Zahl der Apotheken ebenfalls erbracht wird. Beispielsweise ist eine Werbung unzulässig, mit der »kostenloser fachmännischer Rat« angepriesen wird. Auf die Unzulässigkeit einer solchen Werbung mit Selbstverständlichkeiten wurde im einzelnen bereits in dieser Reihe eingegangen, siehe Beitrag »Werbung mit Selbstverständlichkeiten«, Seite 23. An dieser Stelle soll daher der Hinweis genügen, dass auch eine Werbung mit Tätigkeitsschwerpunkten die Grenze zu einer Werbung mit Selbstverständlichkeiten nicht überschreiten darf.

Einen Sonderfall der Werbung mit besonderen Leistungen und Qualifikationen stellt die Werbung für die Apotheke unter Verwendung einer besonderen Bezeichnung für die Apotheke dar. So ist daran zu denken, dass sich Apotheken als »Diabetes-Apotheke«, »Umwelt-Apotheke« oder ähnliches bezeichnen. Mit einer solchen Bezeichnung nimmt die Apotheke immer zumindest auch in Anspruch, auf dem jeweils genannten Gebiet besondere Fähigkeiten aufzuweisen.

Wird in dieser Weise mit besonderen Tätigkeitsschwerpunkten der Apotheke geworben, ist zunächst zur Vermeidung von Irreführungen zu beachten, dass mit einer solchen Werbung nicht der Eindruck erweckt werden darf, das beworbene Tätigkeitsgebiet werde von der Apotheke ausschließlich oder überwiegend betrieben. Eine solche Aussage wäre inhaltlich unzutreffend und daher irreführend, da die Tätigkeit der Apotheke in ihrem Schwerpunkt immer auf die Wahrnehmung des allgemeinen Arzneimittelversorgungsauftrages gerichtet ist, wie sich aus §§ 1 Abs. 1 ApoG, 2 Abs. 4 ApBetrO ergibt. Aufgrund der rechtlichen Vorgaben ist es einer Apotheke nicht gestattet, unter Verzicht auf die Wahrnehmung des allgemeinen Versorgungsauftrages nur einzelne, spezialisierte Leistungen anzubieten oder sich auf solche Leistungen zu konzentrieren. Die Verwendung von Sonderbezeichnungen für die Apotheke als solche, die auf spezielle Einzelgebiete hinweisen (zum Beispiel »Die Diabetes-Apotheke« oder »Apotheke für Asthmaberatung«) ist daher unzulässig, wenn sie wie ein Namensbestandteil der Apotheke gebraucht wird.

Werden dagegen besondere Leistungen der Apotheke nicht wie ein Namensbestandteil hervorgehoben, sondern in beschreibender Weise dargestellt (Beispiele: »Ihre Apotheke für Impfberatung«, »Ihre Apotheke in allen Fragen der Ernährungsberatung«), setzt die Zulässigkeit dieser Werbung voraus, dass sie keine »Selbstverständlichkeit« im oben beschriebenen Sinne betrifft und die Hervorhebung einzelner Leistungen auch sachlich begründet ist. Die Apotheke muss die beworbenen Leistungen erbringen können und besondere, über das normale Maß hinausgehende Anstrengungen, beispielsweise durch entsprechende Fortbildung des Personals, unternommen haben, um in dem beworbenen Bereich besondere Leistungen erbringen zu können.

Wird zusätzlich in der Werbung ausdrücklich auf besondere fachliche Qualifikationen des Apothekenleiters oder der Mitarbeiter der Apotheke Bezug genommen, müssen diese Qualifikationen selbstverständlich auch tatsächlich erworben worden sein. Wenn mit der Werbung der Eindruck erweckt wird, dass speziell qualifiziertes Personal für die Beratung der Kunden zur Verfügung steht, muss darüber hinaus gewährleistet sein, dass entsprechende qualifizierte Mitarbeiter auch tatsächlich zumindest für den überwiegenden Teil der Öffnungszeiten der Apotheke für die Beratung zur Verfügung stehen. Unzulässig wäre es beispielsweise, mit der Aussage »Bei uns werden sie durch Fachapotheker für Offizin-Pharmazie, Ernährungsberatung beraten« zu werben, wenn ein entsprechend qualifizierter Apotheker nur als Teilzeitkraft mit wenigen Stundenzahlen pro Woche in der Apotheke zur Verfügung steht.

Irreführende Werbung mit der Bezeichnung »Umweltapotheke«

Die Berufsgerichtsbarkeit hatte sich in zwei Instanzen mit folgendem Sachverhalt zu befassen: In einer Lokalzeitung erschien ein Artikel mit der Überschrift: »Die erste Umweltapotheke in der Region«. In dem Bericht hieß es unter anderem: »Für die privaten Haushalte im Großraum gibt es jetzt die Möglichkeit, über Apotheken ihr Wohnumfeld auf Umweltschadstoffe untersuchen zu lassen. Als erste Apotheke nimmt die Apotheke A. in M. am bundesweiten Konzept »Umweltapotheke« teil. Diese Apotheke bietet Instrumentarium und Know-how für die Untersuchung von Innenräumen auf Schadstoffe wie Formaldehyd, Lindan oder PCP.«

In Zeitungsanzeigen stellte sich dieselbe Apotheke wie folgt vor: »Meine Umweltapotheke analysiert, berät und bietet Lösungen

- Wasser- und Bodenuntersuchungen,
- Quecksilberbelastungstests,
- Pilz-Untersuchungen,
- Raumluft- und Elektrosmoguntersuchungen,
- Haar-Mineralstoff-Analyse.«

Das Apotheker-Berufsgericht Niedersachsen sah in der Bezeichnung »Umweltapotheke« eine irreführende Werbung im Sinne von §§ 1, 3 UWG. Gegenüber dem Kunden wird der Eindruck vermittelt, es handelte sich um eine besondere Apotheke, die sich in der Hauptsache mit den angegebenen Umweltanalysen beschäftigt.

Nicht zu beanstanden ist nach einer Entscheidung des OLG Nürnberg vom 27. April 1995 (Az. 3 U 665/95) die werbliche Ankündigung einzelner Untersuchungen. Es handelt sich danach um Nebengeschäfte, für die der Apotheker aufgrund seiner naturwissenschaftlichen Ausbildung die notwendigen Voraussetzungen mitbringt.

Das Berufsgericht wie auch der Gerichtshof für die Heilberufe (GfH) in 2. Instanz haben ausdrücklich anerkannt, dass die Umweltanalytik eine apothekerliche Dienstleistung darstellt, für die auch eine sachliche Informationswerbung betrieben werden darf.

Die Bezeichnung »Umweltapotheke« ist eine Angabe über die Eigenart des Betriebes, und zwar auch dann, wenn sie im Zusammenhang mit den einzelnen gesundheitsrelevanten Untersuchungen und Analysen benutzt wird. Der Gerichtshof verweist in den Urteilsgründen auf die starke emotionale Werbekraft derartiger Aussagen im Zusammenhang mit der Komplexität der Fragen des Umweltschutzes. Das angesprochene Publikum hat nur geringe Kenntnisse über naturwissenschaftliche Zusammenhänge. Eine Werbung in diesem Bereich unterliegt deshalb weitgehenden Aufklärungspflichten (BGH, NJW 96, 1135, 1136 unter Bezugnahme auf die ständige Rechtsprechung seit BGH Z 105, 277, 280 BGH = NJW 1989, 711). Dementsprechend hat die wettbewerbsrechtliche Rechtsprechung (BGH Z 105, 277 = NJW 1989, 711) bei der Werbung mit

»umweltfreundlichen Produkten« gefordert, dass sich aus der Werbung im Einzelnen ergeben müsse, unter welchem Aspekt ein Produkt »umweltfreundlich« sei.

Diese Grundsätze sind zu beachten, wenn mit Angaben über Art und Umfang des Betriebes geworben wird. Eine Bezeichnung des Betriebes ist dann irreführend, wenn sie geeignet ist, die Verkehrskreise über die Art des Unternehmens irrezuführen. Wenn sich die Apotheke in einer Werbeanzeige – drucktechnisch hervorgehoben – als »Umweltapotheke« bezeichnet, dann nimmt sie für sich eine Sonderstellung im Vergleich zu anderen Apotheken in Anspruch. Unter Umweltaspekten verbindet der Verbraucher damit die Erwartung, dass die Apotheke umweltbezogene Produkte vertreibt; denn die Apotheke wird in erster Linie als Ladengeschäft gesehen, in dem Arzneimittel und gesundheitsrelevante Produkte vertrieben werden. An dieser Einschätzung ändert auch nichts der Hinweis auf ein Spektrum von Untersuchungsleistungen. Diese Angaben fallen in die Rubrik von Dienstleistungen, für die die Apotheken im Rahmen ihrer Beratungskompetenz zunehmend werben. Dabei kommt es nicht darauf an, dass der Apotheker einer Vereinigung wie der »Arbeitsgemeinschaft aktiver Umweltapotheker (AUP)« angehört und zusammen mit seinen Mitarbeitern Seminare zur Umweltanalytik besucht hat und ein Qualitätszertifikat erworben hat.

Die fachliche Qualifikation des Apothekenleiters sowie des Personals im Sinne einer besonderen Beratungskompetenz im Umweltbereich wäre nur dann maßgebend, wenn der beworbene Bereich gleichsam die Hauptbeschäftigung wäre.

Der Gerichtshof spricht von dem »Gepräge« der Apotheke, das als »Umweltapotheke« nur dann erkennbar und vermittelbar wäre, wenn der Umweltberuf betriebswirtschaftlicher Schwerpunkt des Unternehmens darstellte. Dies ist ersichtlich nicht der Fall. Der Aspekt der Umweltbezogenheit fehlt bei dem Warensortiment der Apotheke vollends, und im Bereich zusätzlicher Dienstleistungen hat die Umweltanalytik lediglich »Nischenfunktion«. Es werden damit keine nennenswerten Umsätze getätigt. Vorherrschend ist vielmehr der Eindruck, dass dem Bereich eine »Anlockfunktion« zukommt, um die damit angesprochenen Kunden auch als »Arzneimittelkunden« zu gewinnen.

Zusammenfassung

- Die Werbung mit der Bezeichnung »Umweltapotheke« ist eine irreführende Werbung im Sinne von §§ 1, 3 UWG. Die Werbung erweckt den fälschlichen Eindruck, dass es sich um eine besondere Apotheke handelt, die im Hinblick auf das Warensortiment und die Untersuchungsleistungen eine besondere umweltbezogene Prägung erhält.
- Boden- und Wasseruntersuchungen, wie auch Raumluft- und Elektrosmoguntersuchungen sind unter der Sammelbezeichnung »Umweltanalytik« apothekenadäquate Dienstleistungen, für die geworben werden darf. Dabei sind die Berufsordnungen der Landesapothekerkammern zu beachten, die überwiegend die Werbung für apothekerliche Dienstleistungen mit der Maßgabe zulassen, dass die Werbung den Geboten einer wahren und sachlichen Information entspricht.

Werbung mit »Gesundheitszentrum« oder »Haus der Gesundheit«

Werden im Rahmen einer Werbemaßnahme dem Apothekennamen die Zusätze »Haus der Gesundheit« oder »Gesundheitszentrum« nachgestellt, wird dadurch der irreführende und damit unzulässige Eindruck erweckt, diese Apotheke biete mehr als andere Apotheken.

In Veröffentlichungen, die sich mit der Positionierung der Apotheken im Gesundheitswesen beschäftigen, tauchen die genannten Begriffe immer wieder als Leitbild für die Gestaltung des Apothekenbetriebes schlechthin auf. Dabei haben die Standespolitiker weniger die Leuchtschrift über dem Eingang einer Apotheke oder andere Werbemaßnahmen im Auge. Vielmehr wird die Chance der Apothekerin und des Apothekers beschrieben, sich als kompetente Partner in allen Fragen der Gesundheit zu etablieren. Die Kunden sollen aus einem gewachsenen Gesundheitsbewusstsein heraus die Apotheke aufsuchen, um dort ganzheitlich ihr Bedürfnis nach Gesundheit stillen und entsprechende Produkte für die Gesundheit und Arzneimittel einkaufen zu können.

Vor diesem Hintergrund darf jedoch nicht außer Acht gelassen werden, dass die Benutzung der Bezeichnungen »Haus der Gesundheit« und »Gesundheitszentrum« im Rahmen von Werbemaßnahmen für eine bestimmte Apotheke an berufs- und wettbewerbsrechtliche Schranken stößt. Dabei ist die Mehrzahl der Gerichtsentscheidungen aus der berufsrechtlichen Rechtsprechung hervorgegangen, die jedoch durch Entscheidungen auf der Grundlage des allgemeinen Wettbewerbsrechts bestätigt werden.

Die Berufsordnungen der Bundesländer enthalten jeweils Vorschriften, die es Apothekerinnen und Apothekern untersagen, eine bevorzugte oder besondere Stellung der eigenen Apotheke vorzutäuschen. Täuschung heißt in diesem Zusammenhang, durch die Verwendung einer irreführenden Namensgebung eine falsche Vorstellung der Kunden hervorzurufen oder zu bestätigen. Eine solche Täuschung liegt vor allem dann vor, wenn Apothekerinnen und Apotheker mit Selbstverständlichkeiten werben. Von dem unkundigen Verbraucher, der die Selbstverständlichkeit nicht erkennt, wird irrigerweise angenommen, es werde mit einem Vorzug gegenüber Konkurrenzangeboten geworben, während diese Umstände in Wahrheit für alle Kolleginnen und Kollegen gleichermaßen gelten und daher selbstverständlich sind.

Das Landesberufsgericht in Karlsruhe hat in seinem Urteil vom 3. Dezember 1986 (Az.: LBG 1/86) festgestellt, dass die Bezeichnung »Haus der Gesundheit« als irreführende Werbung zu beanstanden ist. Es werde in anreißerischer Weise auf die Aufgabe hingewiesen, die für jeden Apotheker selbstverständlich ist, nämlich der

Gesundheit der Bevölkerung zu dienen.

Demgemäß hat auch das Bundesverwaltungsgericht in seinem bekannten Beschluss vom 2. April 1991 (Az.: BVerwG – 3 B 133.90), veröffentlicht in der PZ 1991, Seite 1467, entschieden, eine Apotheke erwecke rechtswidrig den Eindruck, sie biete mehr als andere Apotheken, wenn dem Apothekennamen an der Fassade des Gebäudes, auf Kalendern oder Plastiktüten der Zusatz »Haus der Gesundheit« nachgestellt werde. Der mit diesem Begriff verbundene Eindruck, diese Apotheke biete mehr als andere Apotheken, stehe insoweit im Gegensatz zur Gesetzeslage, als jede Apotheke zu der nach § 1 Abs. 1 ApoG gestellten Aufgabe gerüstet sein müsse. Jede Apotheke sei danach verpflichtet, die im öffentlichen Interesse gebotene ordnungsgemäße Arzneimittelversorgung sicherzustellen. Daher sei es unzulässig, wenn der Eindruck erweckt werde, dieser gesetzlich vorgeprägten Aufgabe werde nur im »Haus der Gesundheit« Genüge getan (dazu auch OVG Münster, Urteil vom 6. November 1992, Az.: 12 A 1158/91.T).

Ebenso urteilte das Bayerische Landesberufsgericht am 11. März 1996, Az.: LBG-Ap-2/95, wobei es die Namensgebung der Apotheke mit »Haus der Gesundheit« als irreführend ansah, weil sie ohne sachliche Berechtigung eine besondere Leistungsfähigkeit suggeriert und die eigene Apotheke als etwas Besonderes herausstellt. Die zur Sicherstellung einer ordnungsgemäßen Arzneimittelversorgung der Bevölkerung notwendigen Arzneimittel habe jede Apotheke gemäß § 15 Abs. 1 ApBetrO in der erforderlichen Menge vorrätig zu halten. Entsprechendes gelte für die sonstige Ausstattung der Apotheke nach § 4 ApBetrO.

Der Begriff »Gesundheitszentrum« wurde in dem Urteil des Hessischen Berufsgerichts vom 8. Dezember 1992 (Az.: BG Nr.9/92) mit der gleichen Argumentation beanstandet. Zusätzlich wird darauf hingewiesen, dass eine Werbung dieser Art auch deshalb im Interesse der Volksgesundheit unerwünscht sei, weil hiermit ein niedrigerer Leistungsstandard der anderen Apotheken angedeutet werde, so dass bei der Bevölkerung Zweifel entstehen könnten, ob die anderen Apotheken so ausgerüstet sind, dass sie ihren gesetzlichen Anforderungen entsprechen können.

Für die hier besprochene Thematik ist auch das Urteil des Landesberufsgerichts für Heilberufe beim Oberverwaltungsgericht Münster vom 25. November 1994 (Az.: 1 A 359/91.T) einschlägig, in dem das Gericht sowohl zu dem Begriff »Gesundheitscenter« als auch zu dem Begriff »Haus der Gesundheit« Stellung genommen hat. Die Begründung lautet auszugsweise wie folgt: »Der Begriff ›Gesundheitscenter‹ erweckt nämlich den – unzutreffenden – Eindruck, die Apotheke des Beschuldigten biete dem Kunden ein über die Waren und Dienstleistungen der ›normalen‹ Apotheke bei weitem hinausgehendes Sortiment an Heilmitteln und Serviceleistungen zur Bekämpfung von Gesundheitsproblemen ... Das Irreführende und eine bevorzugte Stellung der eigenen Apotheke Suggerierende an der Verwendung des Begriffes ›Haus der Gesundheit‹ liegt darin, dass der Eindruck erweckt wird, das Angebot der eigenen Apotheke sei in einem das Angebot der ›normalen Apotheke‹ in den Schatten stellenden Ausmaß umfassend.«

Auf der Grundlage des allgemeinen Wettbewerbsrechts hat das Landgericht Mainz durch Urteil vom 15. Dezember 1988 (Az.: 11 HO 101/88) festgestellt, dass die Bezeichnung »Gesundheitszentrum« als zusammenfassender Oberbegriff für eine Apotheke und einen Bio-Markt irreführend im Sinne des § 3 UWG ist.

Am Rande zu erwähnen ist auch der Beschluss des Amtsgerichts Alzey vom 28. September 1988 (Az.: HRA 1710), das als Registergericht bestätigt hatte, dass der Firmenzusatz »Haus der Gesundheit« bei einer Apotheke nicht in das Handelsregister eingetragen werden kann, da dieser mit dem Grundsatz der Firmenwahrheit nicht vereinbar sei.

Unter bestimmten Umständen kann die Verwendung des Werbeslogans »X-Apotheke im Haus der Gesundheit« jedoch möglicherweise nicht beanstandet werden, wenn die Apotheke in einem Haus betrieben wird, das neben der Apotheke noch von Ärzten und sonstigen Betrieben, deren Dienstleistungen dem Gesundheitswesen zuzuordnen sind, genutzt wird.

Das Bayerische Oberste Landesgericht ist in seinem Beschluss vom 1. Februar 1990 (Az.: BReg 3 Z 157/89) zu dem Ergebnis gekommen, dass die Bezeichnung »Haus« wegen des in § 18 Abs. 2 Satz 1 HGB verankerten Grundsatzes der Firmenwahrheit nur solche vollkaufmännischen Einzelhandelsunternehmen führen dürfen, die nach Sortimentsbreite, dem sich daraus ergebenden Umfang der Verkaufsfläche und nach ihrer aus dem Umsatz abzuleitenden Größe über den Durchschnitt der örtlichen Wettbewerber hinausragen.

Vor diesem Hintergrund und nach den bisherigen Darlegungen kann zwar die Apotheke allein nicht die erforderliche Versorgungstiefe erreichen, um für sich betrachtet als »Haus der Gesundheit« gekennzeichnet werden zu können, jedoch muss im Einzelfall entschieden werden, ob diese in ein Umfeld integriert ist, in dem ein entsprechend abgerundetes Sortiment an Gesundheitsdienstleistungen erbracht wird.

»Redaktionelle Werbung«

Amanda Semper-Fidelis hat ihre Elch-Apotheke umgebaut und freut sich darüber, dass die örtliche Presse die neugestaltete Apotheke in einem redaktionellen Beitrag vorstellen möchte. Aus Erfahrung klug geworden fragt sie an, ob und in welchem Rahmen eine solche redaktionelle Werbung, gegebenenfalls mit bildlicher Darstellung der Apotheke und des Personals zulässig ist.

Unter »redaktioneller Werbung« versteht man Werbung in Form von Zeitungsartikeln, die den Anschein einer objektiven Darstellung haben und in den üblichen regionalen oder nationalen Zeitungen veröffentlicht werden. Hinzu kommen muss, dass unterschwellig geworben wird, indem Produkte oder Dienstleistungen besonders hervorgehoben oder das Unternehmen oder Produkte beispielhaft genannt werden.

Hieraus folgt, dass eine redaktionelle Werbung grundsätzlich unzulässig ist, da in aller Regel für den Leser und Kunden die Eigenschaft des Artikels als Werbung nicht erkennbar ist.

Zulässig ist redaktionelle Werbung dann, wenn ein Thema sachlich von einer Zeitung aufgearbeitet wird und vorrangig dem Informationsinteresse des Lesers dient. Hinzu kommen muss, dass der durch die Werbung Begünstigte, hier also Amanda Semper-Fidelis, die Werbung weder veranlasst noch verdeckt bezahlt hat. Zulässig wäre dies allenfalls dann, wenn die Werbemaßnahme deutlich als Anzeige erkennbar ist.

Verstoß gegen die Berufsordnung

Es stellt nämlich einen Verstoß gegen die Berufsordnung und das Gesetz gegen den unlauteren Wettbewerb dar, eine Werbemaßnahme so zu tarnen, dass der Umworbene sie nicht als Werbung erkennt. Dies gilt insbesondere dann, wenn die Werbemaßnahme als objektive Unterrichtung durch eine unabhängige Person oder Stelle erscheint. Dies begründet sich im Wesentlichen damit, dass eine solche Tarnung die freie Entscheidungsmöglichkeit des Kunden unzulässig beeinflusst. Der Kunde glaubt nämlich, das entsprechende Unternehmen werde objektiv dargestellt, während es sich um eine eigene Anpreisung handelt. Die freie Entscheidungsmöglichkeit ist dann nicht mehr gegeben, wenn der Kunde irregeführt oder sein Vertrauen in bestimmte Institutionen ausgenutzt wird. Solange der Umworbene nicht erkennen kann, dass es sich um eine Werbemaßnahme handelt, wird er irregeführt. Er kann dann aufgrund der mangelnden Erkenntnis, dass es sich um eine Werbemaßnahme handelt, keine eigene Entscheidung mehr treffen, dies führt dazu, dass der Wettbewerb unlauter beeinflusst wird.

Schleichwerbung vermeiden

Zur Vermeidung von Schleichwerbung gebietet das Gesetz gegen den unlauteren Wettbewerb die Trennung von Werbung und redaktionellem Text. Dieses Trennungsgebot hat in den

Richtlinien des Zentralverbandes der Deutschen Werbewirtschaft für redaktionell gestaltete Anzeigen und für die Werbung mit Zeitungs- und Zeitschriftenanalysen sowie der Verlegerorganisation für redaktionelle Hinweise in Zeitungen und Zeitschriften ihren Ausdruck gefunden. Nur am Rande sei erwähnt, dass das Trennungsgebot nicht nur für Zeitungen und Zeitschriften, sondern auch für Rundfunk, Fernsehen, Bildschirmtext und Internet gilt.

Die Schutzrichtung des Trennungsgebotes geht daher in zwei Richtungen: Einerseits soll der Verbraucher vor Manipulation durch Werbung im redaktionellen Gewand geschützt werden, die den Anschein einer höheren Glaubwürdigkeit besitzt. Andererseits dient das Trennungsgebot auch dem Schutz der Pressefreiheit vor wirtschaftlichen Einflüssen.

Redaktionelle Werbung in Zeitschriften oder Zeitungen ist daher zulässig, wenn für den Leser erkennbar ist, dass es sich bei dem vermeintlich redaktionellen Text um Werbung handelt. Anzeigen, die in irgendeiner Form gegen Entgelt veröffentlicht werden, müssen so gestaltet und vom redaktionellen Text abgesetzt werden, dass der Werbecharakter auch dem flüchtigen Durchschnittsleser offenbar wird. Lässt sich eine Veröffentlichung nicht schon durch ihre Anordnung und Gestaltung als Anzeige erkennen, so muss sie deutlich mit dem Wort »Anzeige« gekennzeichnet sein. Dabei müssen alle im Text der Werbung stehenden Beiträge durch grafische oder textliche Gestaltung, werbemäßiger Hervorhebung von Firmennamen und ähnliches deutlich vom redaktionellen Teil der Zeitung abgehoben werden. Unzulässig ist es, Anzei-

gen im Stil und in Aufmachung von Reportagen oder wissenschaftlichen Aufsätzen zu bringen.

Informationsaufgabe der Presse

An Beiträge, die unabhängig von einer Geldleistung des Begünstigten erscheinen und bestimmte Erzeugnisse eines Geschäftszweiges darstellen oder über das Unternehmen aufklären, ist das Publikum in gewissen Grenzen gewöhnt. Solche Artikel werden von den Zeitungen aufbereitet und veröffentlicht, sodass die Zeitungen auch ihre Informationsaufgabe über bestimmte Unternehmen im redaktionellen Teil nachkommen können. Es gehört zu den Aufgaben der Presse, die Öffentlichkeit über Vorgänge von allgemeiner Bedeutung zu unterrichten und zur öffentlichen Meinung beizutragen. Daher ist bei Berichterstattungen, die sich im Rahmen dieses Aufgabenbereiches bewegen, keine Werbeabsicht zu vermuten. Dies gilt insbesondere, wenn der Abdruck zu bestimmten Anlässen erfolgt, bei denen eine Berichterstattung für die Bevölkerung von Interesse ist. Als Beispiele mögen Jubiläen, Geburtstage oder auch die Neugestaltung einer Apotheke gelten.

Eine solche Berichterstattung verletzt nicht das Gebot der Trennung von redaktionellem Text und Werbung, solange die sachliche Unterrichtung der Leser im Vordergrund steht und die damit verbundene Werbewirkung eine Nebenfolge der Berichterstattung ist.

Neben dem – unproblematischen – Beispiel der Umgestaltung der Apotheke ist die Abgrenzung im Einzelfall, wo die sachliche Information aufhört und die Werbung beginnt, problematisch und in aller Regel nur unter Gesamtwürdigung von Anlass und Inhalt des Berichtes feststellbar. Alleine aus der Werbewirkung und der namentlichen Nennung eines Anbieters kann nicht auf die Absicht der Zeitung geschlossen werden, fremden Wettbewerb zu fördern. Bei Äußerungen der Presse, die sich im Rahmen ihres Aufgabenbereiches halten, die Öffentlichkeit über Vorgänge von allgemeiner Bedeutung zu unterrichten und zur öffentlichen Meinungsbildung beizutragen, ist eine Wettbewerbsförderungsabsicht nicht grundsätzlich zu vermuten. Es müssen besondere Umstände gegeben sein, die erkennen lassen, dass neben der Absicht, den Leser über das Tagesgeschehen zu unterrichten, auch die Absicht, den fremden Wettbewerb zu fördern, eine größere als nur eine notwendigerweise begleitende Rolle gespielt hat. So jedenfalls hat der Bundesgerichtshof die Problematik in seiner Entscheidung vom 3. Februar 1994, WRP 1994, Seite 398, 399 formuliert. Als Indizien für eine Wettbewerbsförderungsabsicht bei unentgeltlichen Artikeln hat die Rechtsprechung folgende Umstände herausgearbeitet:

- Beispielhafte, alleinige Nennung des Erzeugnisses eines Anbieters.
- Veröffentlichung von Bestenlisten auf unzulässiger, tatsächlicher oder standesrechtlicher Grundlage.
- Kritiklose Herausstellung eines Produktes in Werbesprache. Hierbei ist die Verwendung von Superlativen häufig beanstandet worden, als Beispiele mögen »atemberaubend, vom Feinsten, Spitzenklasse« gelten.
- Unmittelbare räumliche Verknüpfung des redaktionellen Beitrages mit einer Anzeige des darin begünstigten Gewerbetreibenden.

- Veröffentlichung eines vom Inserenten als redaktioneller Beitrag verfassten Berichts über sein Unternehmen.

Sofern Amanda Semper-Fidelis daher keine Anzeige im unmittelbaren räumlichen Zusammenhang mit der Berichterstattung über ihre Apotheke schaltet und den Bericht nicht selbst verfasst, ist dieser zulässig, wenn er objektiv verfasst ist. Es versteht sich hierbei von selbst, dass ihre Apotheke nicht als »die Beste am Ort« oder ähnliches bezeichnet werden darf. Bei einer solchen Berichterstattung darf selbstverständlich auch ein Bild der Apotheke, der Apothekenräume, des Personals oder auch von Amanda Semper-Fidelis veröffentlicht werden.

Vorsicht ist jedoch geboten wegen der Vorschrift in § 11 Nr. 4 des Heilmittelwerbegesetzes. Diese Vorschrift verbietet die bildliche Darstellung von Apothekern oder anderen Personen in Berufskleidung oder bei der Ausübung der beruflichen Tätigkeit im Zusammenhang mit der Nennung einzelner Arzneimittel.

Zusammenfassung

Zusammenfassend bleibt festzuhalten, dass jeder Leser einer Zeitung bei dem Lesen von Artikeln feststellen können muss, ob es sich um eine Werbung handelt oder um eine objektive Information der Redaktion. Werden Beiträge gegen Entgelt oder üblicherweise gegen Entgelt veröffentlicht, ist ein Werbebeitrag als solcher kenntlich zu machen, also mit dem Wort »Anzeige« zu überschreiben.

Bei üblicherweise unentgeltlich veröffentlichten Beiträgen kann in der Regel von einer objektiven Berichterstattung ausgegangen werden, es sei denn, es liegt eine objektive Wettbewerbsförderungsabsicht vor. Eine solche Absicht wird bei dem Vorliegen der oben dargestellten Merkmale vermutet. Ein Artikel, der über eine notwendige sachliche Information hinausgeht, ist eine Anzeige, und als solche zu bezeichnen.

Bei der Vermischung von redaktionellem Text und werblicher Darstellung wird gegen die Vorschriften des Gesetzes gegen den unlauteren Wettbewerb verstoßen, da in einem redaktionell aufgemachten Werbebeitrag die irreführende Angabe liegt, es handele sich um eine objektive Information und nicht um eine subjektiv gefärbte Werbeaussage. Dies ist geeignet, den lauteren Wettbewerb zu beeinflussen und zieht neben wettbewerbsrechtlichen Verfahren auch berufsrechtliche Maßnahmen nach sich.

Amanda Semper-Fidelis ist für den Inhalt der Veröffentlichung mitverantwortlich. Sie sollte sich daher die Entwürfe der Zeitungen vorlegen lassen, um Verstößen vorbeugen zu können.

Preisausschreiben, Preisrätsel, Gratisverlosungen, Gewinnspiele

Bis vor wenigen Jahren zählten die Gewinnspiele zum Katalog unzulässiger Werbemaßnahmen in der Apotheke. Mit seiner Entscheidung vom 22. Mai 1996 (1BvR 744/88) hat das Bundesverfassungsgericht klar gestellt, dass der Apotheker als Gewerbetreibender die werblichen Möglichkeiten nutzen kann, die den Kaufleuten im Rahmen des lauteren Wettbewerbs zur Verfügung stehen.

Die Werbewirtschaft hat sich hierauf eingestellt. Preisrätsel, Preisausschreiben und Gewinnspiele werden immer häufiger werblich genutzt. Der Einsatz dieser Werbemittel dient dem Zweck, die Aufmerksamkeit des Kunden auf die Apotheke zu richten. Der folgende Beitrag beleuchtet die wettbewerbsrechtlichen Probleme bei der Durchführung von Gewinnspielen.

Begriffsbestimmung

Preisausschreiben, Verlosungen und Gewinnspiele fallen unter den Begriff der Wertreklame. Allen Formen der Wertreklame ist gemeinsam, dass der Werbende durch besondere Vergünstigungen Kunden gewinnen will. In der Apotheke nehmen diese Werbemittel insofern einen besonderen Stellenwert ein, als eine Werbung mit Leistungen, wie der Güte und Preiswürdigkeit der angebotenen Produkte für den Kernbereich des Warensortiments in der Apotheke nicht in Betracht kommt. Der Gesetzgeber hat für einen Teilbereich der Wertreklame, den Preisnachlässen und Zugaben, durch das Rabattgesetz und die Zugabeverordnung Grenzen gesetzt. Unabhängig von diesen Sonderregelungen ist die Wertreklame nicht unbedenklich. Eine Unzulässigkeit gemäß § 1 des Gesetzes gegen den unlauteren Wettbewerb (UWG) kommt jedoch nur dann in Betracht, wenn besondere Umstände hinzutreten und sachfremde Einflüsse die Veranstaltung als wettbewerbsrechtlich anstößig erscheinen lässt. Charakteristisch für die Durchführung eines Gewinnspieles ist, dass der Kunde ohne großen intellektuellen Aufwand die Chance für einen Gewinn erhält. In der Rechtsprechung wird die Zulässigkeit von Preisausschreiben und Gewinnspielen an einer Reihe nachfolgend dargestellter Kriterien gemessen.

Unmittelbare Verknüpfung von Gewinnspiel mit Warenabsatz

Die Teilnahme an einem Gewinnspiel darf nicht mit dem Warenabsatz gekoppelt werden. Diese Situation ist dann gegeben, wenn der Kauf einer Ware direkt oder auch nur mittelbar zur Bedingung der Beteiligung am Gewinnspiel gemacht wird. Es wird in diesen Fällen ein zu starker psychologischer Kaufdruck ausgeübt. Unzulässig ist deshalb ein Preisausschreiben, bei dem eine Warenquittung oder Teile der Warenverpackung beizufügen sind.

Das Aufsuchen der Apotheke – psychologischer Kaufzwang

Wenn die Teilnahme an einer Verlosungsaktion davon abhängig gemacht wird, dass der Kunde in die Apotheke kommt, dann entsteht eine psychologische Zwangssituation. Dabei ist zu berücksichtigen, dass die Apotheke ein überschaubares Ladengeschäft mit individueller Bedienung und persönlicher Atmosphäre ist. Wer die Apotheke betritt, wird als Kaufinteressent angesehen und nicht als Besucher, der nur am Gewinnspiel teilnehmen will. Es entsteht damit ein Beeinflussungseffekt, der wesentlich größer ist als beim Aufsuchen eines Einkaufszentrums oder eines Supermarktes.

Der Veranstalter eines Gewinnspiels muss deshalb ausdrücklich auf alternative Teilnahmemöglichkeiten hinweisen. Wird beispielsweise auf einem Flyer, in einer Postwurfsendung oder in einer Zeitungsanzeige mit einer Verlosungsaktion oder einem Gewinnspiel geworben, so ist es ausreichend, wenn auf die Zusendung des Teilnahme- oder Gewinncoupons verwiesen wird. Der Kunde hat dann die Wahl, das Geschäft selbst aufzusuchen oder sich auf dem Postwege zu beteiligen.

Ein unzulässiger psychologischer Kaufzwang ist auch dann zu bejahen, wenn das Gewinnspiel Fragen enthält, die nur durch das Aufsuchen der Apotheke gelöst werden können. Dieser Situation kann auch nicht mit dem Hinweis begegnet werden »Kein Kaufzwang«.

Dies ist dem Teilnehmer bekannt, die Drucksituation wird damit jedoch nicht ausgeschlossen. Dem Kunden kann es peinlich sein, nichts zu kaufen, wenn er lediglich wegen des Gewinnspiels die Apotheke betritt. Auch die Abholung des Gewinns kann den Gewinner in eine psychologische Zwangslage bringen, die ihn in seiner Entscheidungsfreiheit behindert.

Übertriebenes Anlocken

Wegen übertriebenen Anlockens können Gewinnspiele ebenfalls wettbewerbswidrig sein. Für die Feststellung, ob ein Anlocken im Sinne eines Kundenfangs vorliegt, kommt es auf den Anreizeffekt der Werbemaßnahmen an. Ein wesentliches Element ist in diesem Zusammenhang die Höhe der ausgelobten Preise. Wenn der Umworbene allein schon durch die Preise angelockt wird, ist der Wettbewerb verfälscht. Dabei ist auch das geschäftliche Umfeld der Branche zu berücksichtigen, das heißt, die Üblichkeit der vorgesehenen Preise.

In einem aktuellen Fall hat eine Apotheke über eine Zeitungsbeilage für Produkte des Nebensortiments mit der Angabe von Preisen geworben und einen Coupon zum Ausschneiden beigefügt, mit der Überschrift »Großes Gewinnspiel«. Gefragt wurde nach den Firmennamen der beiden örtlichen, von Eheleuten betriebenen Apotheken. Als Hauptpreis wurde eine Reise für zwei Personen nach Paris ausgelobt.

Es kann als unüblich und ungewöhnlich bezeichnet werden, dass ein Apotheker ohne besonderen Anlass, wie zum Beispiel einem Jubiläum, als Hauptgewinn eines simplen Gewinnspiels eine Reise für zwei Personen nach Paris auslobt.

Zusätzlich kann sich die Wettbewerbswidrigkeit auch bei häufiger Durchführung von Gewinnspielen ergeben. Die wiederholte Anwendung bestimmter Werbemaßnahmen führt durch den Wiederholungseffekt zu einer unzulässigen Verfälschung des Wettbewerbs.

Zusammenfassung

Zur Vermeidung wettbewerbsrechtlicher und berufsrechtlicher Verstöße im Zusammenhang mit der Durchführung von Gewinnspielen und Preisausschreiben ist Folgendes zu beachten:

- Gewinnspiele, Preisrätsel und sonstige Verlosungsaktionen sind grundsätzlich zulässig. Dies gilt insbesondere für Sonder- und Jubiläumsveranstaltungen. Die häufige Durchführung derartiger Aktionen kann im Einzelfall als übertriebene Werbung im Sinne der Berufsordnungen der Kammern gewertet werden.
- Die Teilnahme an einem Preisausschreiben oder sonstigem Gewinnspiel darf weder direkt noch indirekt mit dem Warenabsatz verknüpft werden.

- Die Teilnahme an einem Gewinnspiel darf nicht vom Aufsuchen der Apotheke abhängig gemacht werden. Es ist davon auszugehen, dass die Anonymität des Teilnehmers nicht gewahrt bleibt und ein psychologischer Kaufzwang entsteht. Die Übermittlung der Gewinne sollte aus denselben Gründen auf dem Postwege erfolgen.
- Ungewöhnlich hohe Geldpreise können unabhängig von einer psychologischen Kaufsituation ein übertriebenes Anlocken bewirken. Ein dadurch bewirktes Einfangen potentieller Kunden stellt eine unzulässige Verfälschung des Wettbewerbs dar.
- Das Publikum darf über die Gewinnchancen und deren Höhe sowie über die Anzahl der zur Verteilung vorgesehenen Gewinnlose nicht getäuscht werden. Der Ablauf und der Zweck der Veranstaltung ist im Einzelnen bekannt zu geben.

Werbung bei Ärzten für Impfstoffe

Apotheken dürfen keine Preislisten für Impfstoffe an Ärzte versenden. In diesem Sinne haben bisher übereinstimmend verschiedene Zivilgerichte entschieden und ausdrücklich klargestellt, dass die Preislistenwerbung einen Verstoß gegen das Heilmittelwerberecht begründet. Es verbiete unabhängig vom Werbeadressaten jede Werbung, die darauf hinwirkt, Arzneimittel im Wege des Versandes zu beziehen.

Die zentrale Norm für die Beurteilung der Rechtslage ist § 8 Abs. 1 Heilmittelwerbegesetz (HWG). Die Vorschrift lautet:

»Unzulässig ist eine Werbung, die darauf hinwirkt, Arzneimittel, deren Abgabe den Apotheken vorbehalten ist, im Wege des Versandes zu beziehen. Dieses Verbot gilt nicht für eine Werbung, die sich auf die Abgabe von Arzneimitteln in den Fällen des § 47 des Arzneimittelgesetzes bezieht.«

Die vorliegenden zivilrechtlichen Urteile haben sich intensiv mit dieser Bestimmung auseinandergesetzt und überprüft, ob zumindest Werbeschreiben an Ärzte vom Werbeverbot ausgenommen werden können. Die richterlichen Voten waren indessen eindeutig: Eine Ausnahme ist nicht möglich!

Das Heilmittelwerberecht erkläre jegliche auf den Versand von apothekenpflichtigen Arzneimitteln hinwirkende Werbung für unzulässig und nehme keine Unterscheidung zwischen bestimmten Kreisen von Empfängern der Werbung vor. Es regle, im Gegensatz zu anderen Bestimmungen im Heilmittelwerbegesetz, die zum Teil ausdrücklich Werbeverbote außerhalb der Fachkreise aufführen, ein generelles Werbeverbot.

Eine Einschränkung von § 8 HWG in dem Sinne, dass sich das Werbeverbot nur auf das allgemeine Publikum und nicht auf Fachkreise bezieht, hat daher zunächst das Landgericht Duisburg[1] abgelehnt. Es hat die Versendung der Preislisten eines Apothekers für Impfstoffe, die dieser überregional und unaufgefordert an Ärzte versandt hat, als Verstoß gegen das Heilmittelwerberecht gewertet. Von einer einschränkenden Auslegung des § 8 HWG hat es aufgrund des eindeutigen Wortlauts der Vorschrift Abstand genommen. Eine Einschränkung sei, so die Richter, dem Gesetzgeber vorbehalten. Den Gerichten sei es verwehrt, im Wege der Auslegung gegen den eindeutigen Wortlaut des Gesetzes zu entscheiden. Die Richter befolgten insoweit konsequent die unter anderem durch den Grundsatz der Gewaltenteilung begründete Regel, wonach der Wortlaut einer Bestimmung die Grenze jeder Auslegung bildet. In diesem Sinne urteilte auch das Oberlandesgericht Hamm[2] in einem Parallelverfahren. Es sah keine Veranlassung, den eindeutigen Wortlaut des Gesetzes da-

---

[1] Urteil des Landgerichts Duisburg vom 23. September 1997, Az: 44 O 177/96.
[2] Urteil des Oberlandesgerichts Hamm vom 21. Oktober 1997, Az: F 41136/96.

hingehend einzuschränken, dass § 8 HWG nicht für eine Werbung gegenüber Ärzten gelte. Es verwies zur Begründung unter anderem auf § 8 Abs. 1 Satz 2 HWG, der i. V. m. § 47 des Arzneimittelgesetzes (AMG) die Werbung gegenüber Ärzten lediglich für bestimmte Impfstoffe und Situationen vom Werbeverbot ausnimmt und nicht vollständig freigibt.

Der Gesetzgeber hat insoweit die Besonderheit einer Werbung gegenüber Ärzten erkannt und ausdrücklich konkrete Situationen vom Werbeverbot ausgenommen. Die Gerichte haben nicht die Befugnis, eigenmächtig weitere Ausnahmen zu schaffen. Sie würden die unseren Rechtsstaat kennzeichnende Gewaltenteilung durchbrechen. Es war schließlich der Gesetzgeber, der im Heilmittelwerberecht unmissverständlich sowohl die Fälle des Versandwerbeverbotes formuliert hat als auch diejenigen Fälle, in denen ausnahmsweise eine Versandwerbung gegenüber Ärzten betrieben werden darf.

Die durch das Heilmittelwerbe- und das Arzneimittelgesetz ausnahmsweise zugelassene Versandwerbung betrifft insbesondere die Abgabe von Impfstoffen an Ärzte, soweit es sich um Impfstoffe handelt, die dazu bestimmt sind, bei einer unentgeltlichen aufgrund des § 14 Abs. 1, 2 oder 4 des Bundesseuchengesetzes durchgeführten Impfung angewendet zu werden oder die zur Abwendung einer Seuchen- oder Lebensgefahr erforderlich sind. Die für öffentlich empfohlene Schutzimpfungen i. S. v. § 14 Abs. 3 Bundesseuchengesetz zugelassenen Impfstoffe sind ausdrücklich nicht erfasst. Sie unterliegen dem Werbeverbot des § 8 HWG.

Trotz der eindeutigen gesetzlichen Regelung und der bisher ergangenen zivilrechtlichen Urteile nahm das Oberverwaltungsgericht Nordrhein-Westfalen die Werbung für den Versand von Impfstoffen gegenüber Ärzten aus dem Anwendungsbereich von § 8 HWG heraus. Jedenfalls bei einer summarischen Prüfung, so die Richter, seien keine Gründe zu erkennen, die Werbung für Impfstoffe so generell, wie im Heilmittelwerberecht festgelegt, zu untersagen[3].

Die Entscheidung des Oberverwaltungsgerichts Nordrhein-Westfalens ist mit Vorsicht zu genießen und sollte nicht als Rechtfertigung für eine Versandwerbung herangezogen werden.

Die Entscheidung ist lediglich in einem vorläufigen Rechtsschutzverfahren ergangen, in dem regelmäßig nur eine summarische Prüfung erfolgt. Diese soll zwar bereits eine exakte rechtliche Bewertung beinhalten. Das Oberverwaltungsgericht hat hiervon aber offensichtlich Abstand genommen. Es ist nämlich mit keinem Wort auf die oben genannten Gründe eingegangen, die einer einschränkenden Auslegung von § 8 HWG entgegenstehen. Diese Gründe haben aber gerade in den bekannten zivilrechtlichen Verfahren zu einer Bestätigung des generellen und umfassenden Werbeverbotes geführt.

Die Entscheidung des Oberverwaltungsgerichts Nordrhein-Westfalens vom 30. Oktober 1997 berücksichtigt zudem noch nicht die seit dem 11. September 1998 geltende Fassung von § 43 AMG.

Der Gesetzgeber hat hierin bestimmt, dass apothekenpflichtige Arz-

---

[3] Beschluß des OVG Nordrhein-Westfalen vom 30. Oktober 1997, Az: 13 B 161/97.

neimittel, außer in den Fällen des § 47 AMG, nur in Apotheken und nicht im Wege des Versandes in den Verkehr gebracht werden dürfen. Er hat insoweit dem Arzneimittelversand mit nur wenigen Ausnahmen eine klare Absage erteilt und dadurch klargestellt, welche Bedeutung er dem Versandverbot für die Sicherstellung einer ordnungsgemäßen Arzneimittelversorgung beimisst. Unter Berücksichtigung dieser gesetzgeberischen Entscheidung ist es kaum vorstellbar, dass das Oberverwaltungsgericht Nordrhein-Westfalen auch heute noch die Versandwerbung

gegenüber Ärzten generell für zulässig halten würde. Es würde in diesem Fall nicht nur die Grenzen einer verfassungsgemäßen Auslegung überschreiten, sondern paradoxerweise auch noch die Werbung für eine unzulässige Vertriebsform erlauben.

Eine abschließende gerichtliche Entscheidung ist zu den aufgeworfenen Rechtsfragen noch nicht ergangen. Es ist aber zu erwarten, dass die zur Zeit noch beim Bundesgerichtshof anhängigen Verfahren alsbald zu einer Bestätigung der zitierten zivilrechtlichen Urteile führen.

LUTZ TISCH

Jubiläumsverkäufe

Die Aufmerksamkeit der Kunden auf die eigene Apotheke zu lenken, ist ein legitimes Anliegen im Wettbewerb. Beliebt, aber nur begrenzt zulässig, sind Sonderveranstaltungen, insbesondere Jubiläumsverkäufe, die von entsprechender Werbung begleitet, das Kundeninteresse über die Stammkundschaft hinaus wecken können.

Apotheker Guido Pharm, Käufer der Druiden-Apotheke, deren Gründer die Apotheke unter dem Namen Gebrüder Meier-Apotheke in der Rechtsform einer OHG 21 Jahre geführt und zwischenzeitlich in das Nachbarhaus verlegt hatten, erwägt das dreijährige erfolgreiche Wirken seines Apothekenteams mit seinen Kunden zu feiern. Er stellt sich vor, einen Monat lang durch Jubiläumssonderpreise bei Artikeln des Randsortiments, Schaufenster- und Anzeigenwerbung, das Firmenjubiläum bekannt zu machen. Dabei würde er gern den Monat Mai wählen, der nach seinen Erfahrungen ein besonderes Interesse der Kundschaft an den von ihm vertriebenen Kosmetikprodukten erwarten lässt.

Da der Blick in die Berufsordnung keinen Aufschluss über die Zulässigkeit der geplanten Aktivitäten gibt, möchte Guido Pharm wissen, ob das allgemeine Wettbewerbsrecht tangiert ist.

Neben der Berufsordnung hat der Apotheker bei wettbewerbsrelevanten Handlungen das Gesetz gegen den unlauteren Wettbewerb (UWG), das Rabattgesetz (RabattG), die Zugabeverordnung (ZugabeV) und, falls es um eine Werbung für Arzneimittel geht, das Heilmittelwerbegesetz (HWG) zu beachten. Dabei kann man davon ausgehen, dass die profitabelsten Wettbewerbshandlungen zum Schutz der Mitbewerber und der Verbraucher vom Wettbewerbsrecht erfasst werden. Dies gilt auch für Jubiläumsverkäufe, mit denen sich § 7 UWG befasst (siehe Kasten).

Ausgehend von einem Verbot von Sonderveranstaltungen werden in § 7 Absatz 3 Nr. 2 UWG Jubiläumsverkäufe nach einer Sperrfrist von 25 Jahren zugelassen, wenn das Unternehmen zwischenzeitlich nicht den Geschäftszweig geändert hat und die Veranstaltung nicht länger als zwölf Werktage dauert.

Maßgeblich für den Lauf der Sperrfrist ist die Gründung des Unternehmens. Dabei ist es unschädlich, wenn, wie im Beispielsfall, zwischenzeitlich der Standort der Apotheke verlegt wurde, der Firmenname, der Geschäftsinhaber oder die Rechtsform gewechselt haben. Auch der Pächter einer Apotheke darf das Jubiläum im

Einklang mit dem UWG begehen. Apotheker Guido Pharm muss seine Pläne also um ein Jahr verschieben.

Zu beachten ist allerdings, dass auch ein unzulässiger Jubiläumsverkauf die 25-jährige Sperrfrist auslöst. Sollten also die Gebrüder Meier unzulässigerweise das zehnjährige Bestehen ihrer Apotheke mit einem Jubiläumsverkauf gefeiert haben, müsste Apotheker Guido Pharm von seinen Plänen für die nächsten elf Jahre absehen. Apotheker Guido Pharm muss sich aber auch darum kümmern, wann die Apotheke genau gegründet wurde, da ein Jubiläumsverkauf nur für rechtmäßig gehalten wird, wenn er spätestens in dem auf den Jubiläumstag folgenden Kalendermonat beginnt.

Besondere Aufmerksamkeit ist auch der Dauer der Veranstaltung und der Werbung zu widmen. Die gesetzliche Begrenzung auf zwölf Werktage ist zu beachten. Das bedeutet, dass weder vor Beginn noch nach Ende der zwölftägigen Jubiläumsverkäufe Bestellungen zu Jubiläumskonditionen entgegengenommen oder entsprechende Verkäufe getätigt werden dürfen.

Erlaubt ist dagegen die vorherige werbliche Ankündigung, die allerdings deutlich auf den Beginn der Veranstaltung hinweisen muss. Apotheker Guido Pharm wird dies bei seiner geplanten Schaufenster- und Anzeigengestaltung berücksichtigen, wenn er seine Jubiläums-Sonderangebote bewirbt.

Riskant ist die Verwendung von Worten wie »Rabatt« oder »Jubiläumsrabatt«, da sie den irrigen Eindruck erwecken können, es werde ein Nachlass auf die anlässlich des Jubiläums schon herabgesetzten Preise gewährt. Zulässig ist dagegen die Nennung der Prozentzahl, um die die Preise gesenkt werden.

Werden nur die Preise einzelner Waren, zum Beispiel Kosmetika, herabgesetzt, darf sich die Jubiläumswerbung auch nur auf diese beziehen. Das hat für Apotheken besondere Bedeutung, da eine Preissenkung bei apo-

---

§ 7 UWG

(1) Wer Verkaufsveranstaltungen im Einzelhandel, die außerhalb des regelmäßigen Geschäftsverkehrs stattfinden, der Beschleunigung des Warenabsatzes dienen und den Eindruck der Gewährung besonderer Kaufvorteile hervorrufen (Sonderveranstaltungen), ankündigt oder durchführt, kann auf Unterlassung in Anspruch genommen werden.

(2) Eine Sonderveranstaltung im Sinne des Absatzes 1 liegt nicht vor, wenn einzelne nach Güte und Preis gekennzeichnete Waren angeboten werden und diese Angebote sich in den regelmäßigen Geschäftsbetrieb des Unternehmens einfügen (Sonderangebote).

(3) Absatz 1 ist nicht anzuwenden auf Sonderveranstaltungen für die Dauer von zwölf Werktagen

1. beginnend am letzten Montag im Januar und am letzten Montag im Juli, in denen Textilien, Bekleidungsgegenstände, Schuhwaren, Lederwaren oder Sportartikel zum Verkauf gestellt werden (Winter- und Sommerschlussverkäufe),

2. zur Feier des Bestehens eines Unternehmens im selben Geschäftszweig nach Ablauf von jeweils 25 Jahren (Jubiläumsverkäufe).

thekenpflichtigen Arzneimitteln aufgrund der Arzneimittelpreisverordnung von vornherein ausgeschlossen ist. Wird hierauf nicht hingewiesen, kann die Werbung als irreführend beanstandet werden, da die möglicherweise beim Publikum geweckten Erwartungen auf Kaufvorteile nicht oder nicht in ausreichendem Maße bedient werden.

Das Rabattgesetz und die Zugabeverordnung sind auch während der Jubiläumsverkäufe zu beachten.

Abschließend bleibt die Frage zu klären, ob Apotheker Guido Pharm völlig darauf verzichten muss, den dritten »Geburtstag« seiner Apotheke werblich zu verwerten. Dies ist ihm dann nicht verwehrt, wenn nicht zugleich der Eindruck erweckt wird, aus diesem Anlass werde das Warenangebot besonders herausgestellt, als besonders preisgünstig, sonst vorteilhaft oder einmalig gekennzeichnet.

Der Bundesgerichtshof (BGH, Urteil vom 14. November 1996 – I ZR 164/94 – WRP 1997, Seite 439, 440) hat hierzu die Auffassung der Vorinstanz bestätigt, »daß es einem Unternehmen durch § 7 Abs. 1 UWG grundsätzlich nicht verwehrt ist, außerhalb des 25-Jahres-Rhythmus des § 7 Abs. 3 Nr. 2 UWG zu Werbezwecken auf ein Firmenjubiläum hinzuweisen. Ein solcher Hinweis kann gegebenenfalls auch mit einer Werbung für die angebotene Ware verbunden werden. Allerdings [...] ruft eine Werbung mit besonderen Angeboten im Zusammenhang mit dem Hinweis auf ein Firmenjubiläum beim Publikum häufig den Eindruck hervor, als handele es sich um eine außergewöhnliche, auf die Zeit des Begehens des Jubiläums beschränkte Veranstaltung mit einem aus dem Rahmen des Üblichen fallenden Angebot [...]. Gewinnt das Publikum aufgrund einer derartigen Ankündigung den Eindruck, das werbende Unternehmen unterbreche aus Anlaß des Firmenjubiläums den gewöhnlichen Verkauf und biete aus diesem Anlaß und abweichend von den üblichen Sonderangeboten vorübergehend besondere Kaufvorteile, ist sie als Ankündigung einer Sonderveranstaltung anzusehen, die nur unter den besonderen Voraussetzungen des § 7 Abs. 3 Nr. 2 UWG zulässig ist.«

Letzten Endes handelt es sich hier um einen schmalen Grat mit dem Risiko, dass ein Gericht unter Abwägung aller Umstände des Einzelfalls zu der Auffassung gelangt, es werde der Eindruck einer verbotenen Sonderveranstaltung geweckt.

Apotheken und Sonderöffnungszeiten des Einzelhandels

Verkaufsoffene Sonntage, Messen oder sonstige Veranstaltungen des Einzelhandels, reizen auch Apotheker, aus ökonomischem Interesse oder um dem Eindruck demonstrativer Wohlsituiertheit zu entgehen, zur Teilnahme. Dem setzen das Ladenschlussgesetz in Verbindung mit der Berufsordnung und dem Gesetz gegen unlauteren Wettbewerb enge Grenzen.

Guido Pharm, Apotheker in einer Kleinstadt mit einigen weiteren Apotheken, möchte die günstige Lage seiner Druiden-Apotheke im Stadtkern nutzen und an den drei für das kommende Jahr vom Stadtrat beschlossenen verkaufsoffenen Sonntagen mit besonderen Angeboten aus dem Nebensortiment teilnehmen. An einem der Sonntage hat seine Apotheke ohnehin bereits Dienstbereitschaft, sodass er nur noch für zwei der Termine die personelle Besetzung der Apotheke organisieren muss. Eine seiner Mitarbeiterinnen, die er hierauf anspricht, äußert Zweifel an der Zulässigkeit der Teilnahme der Apotheke, weil sie von ihrer Freundin, die in einer anderen Apotheke vor Ort tätig ist, weiß, dass deren Chefin die Apotheke geschlossen lässt, weil ihr das Ladenschlussgesetz eine Öffnung versage. Guido Pharm überlegt, ob er die Chance guter Geschäfte nun nicht erst recht wahrnehmen müsse.

Neben der von den Apothekerkammern zu vollziehenden berufsordnungsrechtlichen Bestimmung, die jeden Apotheker verpflichtet, die für ihn geltenden gesetzlichen Vorschriften zu beachten, kann auch das Wettbewerbsrecht zur Ahndung von Gesetzesverstößen führen. Dies ist insbesondere deshalb von Bedeutung, weil auch andere Gewerbetreibende auf dieser Grundlage berechtigt sind, sich gegen Rechtsverstöße von Mitbewerbern mit Abmahnungen und einstweiligen Verfügungsverfahren kurzfristig und effizient zu wehren. Wettbewerbsvereine, denen potentielle Wettbewerber angehören, werden in ihnen bekannt werdenden Fällen ebenfalls tätig, sodass sich der Apotheker nicht in Sicherheit wiegen kann, wenn nur die Apothekerkammer keine Kenntnis von seinem Rechtsverstoß erlangt.

Das Wettbewerbsrecht ist nicht wie andere Rechtsgebiete umfassend kodifiziert, sondern enthält Generalklauseln, die es der Rechtsprechung ermöglichen, die Verletzung jeder Norm der Rechtsordnung auf ihre Wettbewerbsrelevanz zu überprüfen. Die Verletzung so genannter wertbezogener

> **§ 1 UWG**
>
> Wer im geschäftlichen Verkehre zu Zwecken des Wettbewerbes Handlungen vornimmt, die gegen die guten Sitten verstoßen, kann auf Unterlassung und Schadensersatz in Anspruch genommen werden.

Normen, wie zum Beispiel des Arznei-mittel-, Heilmittelwerbe- oder Apo-thekenrechts, die dem Schutz der Volksgesundheit dienen, wird von den Gerichten immer zugleich auch als Verstoß gegen die guten Sitten und damit als Wettbewerbsverstoß nach § 1 des Gesetzes gegen den unlauteren Wettbewerb (UWG) angesehen.

Vorschriften, die weder einem sittli-chen Gebot Geltung verschaffen noch dem Schutz besonders wichtiger Ge-meinschaftsgüter oder allgemeiner In-teressen dienen, werden dagegen als wertneutral bezeichnet. Ihre Verlet-zung ist wettbewerbsrechtlich nur be-deutsam, wenn besondere, wettbe-werbsrelevante Umstände hinzutreten.

Zu diesen so genannten wertneutra-len Normen gehören die Vorschriften des Ladenschlussgesetzes. Setzen sich Wettbewerber vorsätzlich über diese Normen hinweg, um sich dadurch ei-nen sachlich ungerechtfertigten Vor-sprung vor gesetzestreuen Mitbewer-bern zu verschaffen, führt die Miss-achtung der Vorschrift zu einem Ver-stoß gegen § 1 UWG.

Die zulässigen Öffnungszeiten von Apotheken ergeben sich aus dem La-denschlussgesetz in Verbindung mit § 23 der Apothekenbetriebsordnung (ApBetrO). Ausgangspunkt ist § 3 Ab-satz 1 Ladenschlussgesetz (LSchlG), der zwingend bestimmte Schließzeiten für Verkaufsstellen vorschreibt.

Abweichend davon sieht § 4 LSchlG für Apotheken grundsätzlich vor, dass sie an allen Tagen während des ganzen Tages geöffnet sein dürfen. Zugleich verpflichtet er aber die nach Landesrecht zuständige Verwaltungs-behörde, für eine Gemeinde oder für benachbarte Gemeinden mit mehreren Apotheken anzuordnen, dass während der allgemeinen Ladenschlusszeiten abwechselnd ein Teil der Apotheken geschlossen sein muss. Dabei steht die Dienstbereitschaft der Offenhaltung gleich.

Zuständige Landesbehörden sind in Berlin die Senatsverwaltung für Ge-sundheit, in Bremen der Senator für Gesundheit, Jugend und Soziales, im übrigen die Apothekerkammern der Länder. Diese ordnen die Schließung eines Teils der Apotheken außerhalb der Ladenöffnungszeiten an und be-freien die geschlossen zu haltenden Apotheken darüber hinaus von der Dienstbereitschaft nach § 23 Absatz 1 ApBetrO.

Weitere Befreiungen können für dienstbereite Apotheken für die Dauer der ortsüblichen Schließzeiten, Mitt-wochnachmittage, Sonnabende oder Betriebsferien und, sofern ein berech-tigter Grund vorliegt, auch außerhalb dieser Zeiten nach § 23 Absatz 2 Ap-BetrO erteilt werden, wenn die Arz-neimittelversorgung in dieser Zeit durch eine andere Apotheke, die sich

---

§ 3 Absatz 1 LSchlG

Verkaufsstellen müssen zu folgen-den Zeiten für den geschäftlichen Verkehr mit Kunden geschlossen sein:

1. an Sonn- und Feiertagen,
2. montags bis freitags bis 6 Uhr und ab 20 Uhr,
3. samstags bis 6 Uhr und ab 16 Uhr,
4. an den vier aufeinanderfolgenden Samstagen vor dem 24. Dezember bis 6 Uhr und ab 18 Uhr,
5. am 24. Dezember, wenn dieser Tag auf einen Werktag fällt, bis 6 Uhr und ab 14 Uhr.

auch in einer anderen Gemeinde befinden kann, sichergestellt ist.

Apotheken, die dienstbereit sind, können für bestimmte Stunden oder für Sonn- und Feiertage nach § 23 Absatz 3 ApBetrO von der Dienstbereitschaft befreit werden.

An Werktagen während der allgemeinen Ladenschlusszeiten und an Sonn- und Feiertagen erlaubt das Ladenschlussgesetz Apotheken nur die Abgabe von Arznei-, Krankenpflege-, Säuglingspflege und Säuglingsnährmitteln, hygienischen Artikeln, sowie Desinfektionsmitteln (§ 4 Absatz 1 Satz 2 LSchlG). Diese Einschränkung

§ 4 LSchlG

(1) Abweichend von den Vorschriften des § 3 dürfen Apotheken an allen Tagen während des ganzen Tages geöffnet sein. An Werktagen während der allgemeinen Ladenschlußzeiten (§ 3) und an Sonn- und Feiertagen ist nur die Abgabe von Arznei-, Krankenpflege-, Säuglingspflege-, und Säuglingsnährmitteln, hygienischen Artikeln sowie Desinfektionsmitteln gestattet.

(2) Die nach Landesrecht zuständige Verwaltungsbehörde hat für eine Gemeinde oder für benachbarte Gemeinden mit mehreren Apotheken anzuordnen, daß während der allgemeinen Ladenschlußzeiten (§ 3) abwechselnd ein Teil der Apotheken geschlossen sein muß. An die geschlossenen Apotheken ist an sichtbarer Stelle ein Aushang anzubringen, der die zur Zeit offenen Apotheken bekanntgibt. Dienstbereitschaft der Apotheken steht der Offenhaltung gleich.

ist auch von Apotheken zu beachten, die parallel zu Sonderöffnungszeiten des sonstigen Einzelhandels dienstbereit sind. Der größte Teil des nach § 25 ApBetrO zulässigen Nebensortiments darf folglich in Zeiten der Dienstbereitschaft, die außerhalb der allgemeinen Ladenöffnungszeiten liegen, nicht abgegeben werden. Guido Pharm wird dies, wie immer in der Dienstbereitschaft außerhalb der allgemeinen Ladenöffnungszeiten, an dem verkaufsoffenen Sonntag beachten müssen, an dem seine Apotheke zur Dienstbereitschaft eingeteilt ist.

Die Systematik der gesetzlichen Regelung, mit den Bestimmungen über die Dienstbereitschaft in Form von Sonderregelungen an die allgemeinen Ladenschlusszeiten nach dem Ladenschlussgesetz anzuknüpfen, führt hier und da zu der irrtümlichen Vermutung, Sonderöffnungszeiten, die nach dem Ladenschlussgesetz für alle anderen Verkaufsstellen gelten, könnten auch von Apotheken genutzt werden.

Solche Sonderöffnungszeiten sieht das Ladenschlussgesetz in § 8 für Verkaufsstellen auf Personenbahnhöfen, in § 9 für Flug- und Fährhäfen, in § 10 für Kur- und Erholungsorte, in § 11 für Sonntagsverkäufe in ländlichen Gebieten während der Zeit der Feldbestellung und der Ernte, in § 12 für den Verkauf bestimmter, durch Rechtsverordnung festzulegender Waren an Sonntagen, in § 14 für weitere Verkaufssonntage, in § 15 für einen Sonntagsverkauf am 24. Dezember und in § 16 für Märkte, Messen oder ähnliche Veranstaltungen an jährlich höchstens sechs Werktagen vor.

Die Regelung für Verkaufsstellen auf Personenbahnhöfen gilt ausdrücklich nicht für Apotheken, für die es nach § 8 Absatz 3 bei den Vorschriften des § 4 LSchlG bleibt.

Die Ausnahmen für Flug- und Fährhäfen, Kur- und Erholungsorte, den Verkauf bestimmter Waren an Sonntagen und den Sonntagsverkauf am 24. Dezember kommen wegen der im Ladenschlussgesetz vorgenommenen Sortimentsbeschränkung für Apotheken nicht in Betracht.

Bei verkaufsoffenen Sonntagen ist § 14 LSchlG einschlägig, der aber in Absatz 4 ausdrücklich vorsieht, dass es für Apotheken bei den Vorschriften des § 4 LSchlG bleibt.

Entsprechendes sieht § 16 Absatz 3 LSchlG hinsichtlich der Sonderregelung für Märkte, Messen und ähnliche Veranstaltungen vor.

Guido Pharm ist also gut beraten, seine Druiden-Apotheke an den verkaufsoffenen Sonntagen geschlossen zu halten und im Rahmen der Dienstbereitschaft nur das erlaubte Sortiment abzugeben, will er nicht riskieren, dass andere Apotheker am Ort, die Aufsichtsbehörde oder die Apothekerkammer rechtliche Schritte gegen ihn einleiten. Dabei muss er wissen, dass eine wettbewerbsrechtlich begründete Abmahnung gegebenenfalls in wenigen Stunden erwirkt werden kann.

Apotheker auf Märkten, Messen und Leistungsschauen

Leistungsschauen des lokalen Handels und Handwerks, Gesundheitstage, Messen und Märkte können auch für Apotheker interessante Anlässe für Präsentationen sein. Welche berufs- und wettbewerbsrechtlichen Aspekte hierbei eine Rolle spielen können, soll im folgenden betrachtet werden.

Apotheker Guido Pharm, Inhaber der Druiden-Apotheke, hält die apothekerlichen Leistungen von der Gesellschaft für völlig unterbewertet. Er vermutet, dass ein nicht unerheblicher Teil der Bevölkerung gar nicht weiß, was Apotheken im Allgemeinen und die Druiden-Apotheke im Besonderen alles anbieten und zu leisten vermögen. Um auch Verbraucherkreise zu erreichen, die nicht zu den Kunden seiner Apotheke gehören, erwägt er eine Teilnahme an verschiedenen Veranstaltungen der lokal regen Einzelhandelsgemeinschaft, die einmal im Jahr, gemeinsam mit der Handwerkskammer eine Messe in der Stadthalle veranstaltet und die in eigener Regie einen so genannten Markttag organisiert, an dem sie ihre Mitglieder zur Demonstration ihrer besonderen Leistungsfähigkeit anhält.

Seit den Entscheidungen des Bundesverfassungsgerichts im Jahre 1996 haben Apotheker berufsordnungsrechtlich einen größeren Freiraum für Werbemaßnahmen. Dies gilt auch bei der Werbung für die »Betriebsstätte« Apotheke. Ungeachtet dessen unterliegen Apotheken einer Vielzahl berufsregelnder Vorschriften, die vom Gesetzgeber aus Gründen der Arzneimittelsicherheit, letztlich also zum Schutz der Volksgesundheit für erforderlich gehalten werden. Diese Vorschriften werden von den Gerichten als so genannte wertbezogene Normen angesehen, deren Verletzung als Verstoß gegen »die guten Sitten« im Sinne des § 1 UWG wettbewerbsrechtlich geahndet werden können.

Angebote apothekerlicher Leistungen unter Hinweis auf den Apothekenbetrieb aber außerhalb der für diesen genehmigten Betriebsräume auf Märkten oder Messen verbieten sich, da der Betrieb einer Apotheke nach dem Apothekengesetz einer Betriebserlaubnis bedarf. Diese gilt nur für den Apotheker, dem sie erteilt ist und nur für die in der Erlaubnisur-

§ 1 Apothekengesetz

(1) Den Apotheken obliegt die im öffentlichen Interesse gebotene Sicherstellung einer ordnungsgemäßen Arzneimittelversorgung der Bevölkerung.
(2) Wer eine Apotheke betreiben will, bedarf der Erlaubnis der zuständigen Behörde.
(3) Die Erlaubnis gilt nur für den Apotheker, dem sie erteilt ist, und nur für die in der Erlaubnisurkunde bezeichneten Räume.

kunde bezeichneten Räume. Daraus ergibt sich, dass zum Beispiel ein Messestand nicht dazu genutzt werden darf, eine »Messe-Apotheke« zu betreiben. Insbesondere ist die Abgabe von Arzneimitteln verboten, die nach der Apothekenbetriebsordnung (ApBetrO) nur in den Betriebsräumen erfolgen darf.

Entsprechendes gilt nach § 17 Absatz 1 ApBetrO aber auch für apothekenübliche Waren. Für Dienstleistungen der Apotheke enthält zwar die Apothekenbetriebsordnung keine ausdrückliche Regelung, doch sind auch sie, wenn sie unter dem Namen der Apotheke angeboten werden, deren Betrieb zuzuordnen, der auf die Betriebsräume beschränkt ist.

Hieran hat auch das Urteil des Bundesgerichtshofs vom 11. Februar 1999 – I ZR 18/97 – nichts geändert (siehe PZ 30/99, Seite 65). In diesem Urteil hat der BGH entschieden, dass § 17 Abs. 1 ApBetrO grundrechtswidrig und deshalb nichtig sei, soweit er einem Inverkehrbringen apothekenüblicher Waren und freiverkäuflicher Arzneimittel außerhalb der Apothekenbetriebsräume entgegenstehe.

Bei dem zugrundeliegenden Sachverhalt handelte es sich um Angebote in Verkaufsschütten vor Apotheken. Deren unmittelbarer räumlicher Zusammenhang mit den Apothekenbetriebsräumen, die Notwendigkeit für den Kunden, die Apotheke zum käuflichen Erwerb der Ware betreten zu müssen und der zeitliche Zusammenhang mit den legalen Öffnungszeiten der Apotheke dürften der Grund für den Bundesgerichtshof gewesen sein, die Raumbezogenheit der Apothekenbetriebserlaubnis mit keinem Wort erwähnt zu haben. Hieraus zu folgern, Teile des Apothekenbetriebs dürften

anlässlich von Messen und Märkten, Leistungsschauen oder sonstigen Veranstaltungen aus den Betriebsräumen an andere Orte verlagert werden, würde die Bedeutung der Betriebserlaubnis verkennen (vgl.: Pieck, Das Schüttenverbot – ein Epilog, PZ 30/99, Seite 21f.).

Unbedenklich sind dagegen Präsentationen der Leistungen des Berufsstandes durch Apothekerinnen und Apotheker ohne Bezug auf eine bestimmte Apotheke, insbesondere, wenn sie von mehreren oder allen Apotheken vor Ort organisiert und durchgeführt werden. Von der Frage, ob für die Messebesucher erkennbar ist, dass es sich um ein Messeangebot bestimmter Apotheken handelt, hängt auch ab, ob Wettbewerbszwecke unterstellt werden können, wenn Dienstleistungen, wie zum Beispiel Blutdruckmessungen oder Bestimmungen des Cholesterinspiegels, kostenlos angeboten werden, die anderweitig nur gegen Entgelt erhältlich sind.

Guido Pharm wird also gegebenenfalls gemeinsam mit Kolleginnen und Kollegen vor Ort einen Messestand organisieren, an dem zum Beispiel Labortätigkeiten demonstriert, das viel-

§ 17 Absatz 1 Apothekenbetriebsordnung

Arzneimittel und die in § 25 genannten Waren mit Ausnahme von Einwegspritzen nebst Zubehör sowie von Kondomen dürfen nur in den Apothekenbetriebsräumen in den Verkehr gebracht werden. Arzneimittel dürfen nur durch pharmazeutisches Personal ausgehändigt werden.

fältige Dienstleistungsangebot von Apotheken beworben und die eine oder andere Dienstleistung auch am Messebesucher demonstriert werden. Arzneimittel oder apothekenübliche Waren wird er nicht abgeben und er wird peinlich genau darauf achten, dass kein Hinweis auf bestimmte Apotheken gegeben wird, weder am Stand, noch auf dem ausgelegten Informationsmaterial oder der Kleidung des Standpersonals.

Bei der von der Einzelhandelsgemeinschaft organisierten Marktveranstaltung, anlässlich derer Guido Pharm in oder im unmittelbaren Umfeld seiner Apotheke sein Unternehmen präsentieren will, gilt es ebenfalls einiges zu beachten.

Wie er bereits weiß, hat er die zulässigen Ladenöffnungszeiten zu beachten, die für Apotheken vom sonstigen Einzelhandel abweichen können (siehe PZ 25/99, Seite 68). Da seine Aktivitäten unmittelbar seiner Apotheke zugeordnet werden können, verbieten sich alle dem Apothekenbetrieb zuzuordnenden Tätigkeiten außerhalb der Betriebsräume. Dazu gehören auch Aktivitäten Dritter, die der Apotheker beauftragt oder duldet und die ihm bei verständiger Würdigung der Umstände des Einzelfalls zuzurechnen sind.

Andere Angebote und Aktivitäten, wie zum Beispiel Unterhaltungsangebote für Kinder, die nicht der Tätigkeit des Apothekers als solcher zuzuordnen sind, sondern nur auf den Apothekenbetrieb aufmerksam machen sollen, müssen so angelegt sein, dass sie das erforderliche Vertrauen der Kunden in die Seriosität der Apotheke und das Ansehen des Berufsstands nicht gefährden. Sie sollten im Vorfeld ausnahmslos auf ihre Vereinbarkeit mit der Berufsordnung überprüft werden und dürfen insbesondere nicht marktschreierisch sein. Auch für die Werbung für die Sonderveranstaltung gilt, dass sie nicht nach Art, Inhalt oder Häufigkeit übertrieben, irreführend oder marktschreierisch angelegt werden darf.

Dies zu beachten fällt Guido Pharm schon deshalb leicht, weil er sich auch in Wahrnehmung seiner legitimen ökonomischen Interessen als freier Heilberuf versteht, der wie ein Arzt einer besonderen, ihm übertragenen Verantwortung gerecht werden muss, die ihn vom sonstigen Einzelhändler unterscheidet und sein Monopol für den Vertrieb apothekenpflichtiger Arzneimittel rechtfertigt.

ZUSAMMENARBEIT MIT DRITTEN

LUTZ TISCH

Veranstaltungen von Gesundheitstagen

Ein beliebtes Mittel des Einzelhandels, potentielle Käufer auf sich aufmerksam zu machen, sind Sonderveranstaltungen. Deren Attraktivität kann unter Umständen dadurch gesteigert werden, dass sie mit kompetenten Partnern gemeinsam durchgeführt werden. So könnten Apotheker dem Gedanken verfallen, Gesundheitstage mit einer großen Krankenkasse gemeinsam zu veranstalten. Dem setzt das Wettbewerbsrecht jedoch Grenzen.

Das Verwaltungsgericht Düsseldorf hatte in einer Entscheidung vom 20. April 1999 (3 K 6841/97) über die Rechtmäßigkeit einer von der Apothekerkammer erlassenen Ordnungsverfügung zu entscheiden, mit der es der Beklagten untersagt wurde, gemeinsame Einzelaktionen mit einer Krankenkasse in den Apothekenbetriebsräumen durchzuführen. Das Motto der von der Apotheke durchgeführten Aktion war der Name der Krankenkasse, dem mit einem Bindestrich das Wort »Gesundheitstage« nachgestellt wurde.

Von der Apotheke angekündigt und durchgeführt wurden medizinische Check-ups wie die Bestimmung von Blutdruck- und Cholesterinwerten, Tests des Lungenvolumens sowie das Angebot Ernährungs- und Gesundheitstipps zu geben. Hierin hatte die Apothekerkammer einen Verstoß gegen Berufsordnungs- und Wettbewerbsrecht gesehen, da die Berufsordnung jeden Apotheker verpflichtet, die für die Ausübung seines Berufes geltenden Gesetze, so auch das Gesetz gegen unlauteren Wettbewerb, zu be-

achten. Das Gericht bestätigte diese Rechtsauffassung und bewertete die Veranstaltung der »Gesundheitstage« in Zusammenarbeit mit der Krankenkasse unter dem Gesichtspunkt eines missbräuchlichen Einsatzes fremder »Autorität« zu eigenen Werbezwecken als sittenwidrig.

Ein Gewerbetreibender handele im Regelfall unlauter, wenn er »Autoritätspersonen« mit Einflussmacht in seine Absatzwerbung einspanne, um die Umworbenen durch unsachliche Beeinflussung ihrer Entscheidung als Kunden zu gewinnen. Dies gelte erst recht bei Personen mit amtlicher oder zumindest amtsähnlicher Autorität, da ihnen die Allgemeinheit in der Regel besonderes Vertrauen entgegenbringe.

Eine gesetzliche Krankenversicherung, sei eine amtsähnliche Autoritätsperson. Sie sei als Krankenkasse eine Körperschaft öffentlichen Rechts und habe sich als solche grundsätzlich bei Eingriffen in den Wettbewerb zwischen Dritten objektiv und neutral zu verhalten. Insbesondere dürfe sie nicht bestimmten Wettbewerbern Vorteile verschaffen und damit andere benachteiligen. Gleichzeitig begründe ihre Stellung als Person des öffentlichen Rechts, welche beim Durchschnittskonsumenten den Eindruck einer zumindest behördenähnlichen Institution hervorrufe, ein Vertrauen auf die Einhaltung der Neutralitätspflicht. Dieses Vertrauen mache den Konsumenten im hohen Maße geneigt, ihren Empfehlungen nachzukommen. Dies gelte vor allem im sensiblen Bereich des Gesundheitswesens, in dem die Krankenkasse tätig ist.

Dem Apotheker warf das Gericht vor, die mit dieser Vertrauensstellung verbundene Autorität der Krankenkasse missbräuchlich zu eigenen Werbezwecken eingesetzt zu haben. Der angebotene medizinische Check-up inklusive Blutdruck-, Blutzucker- und Cholesterinmessung, Lungenvolumentests sowie Ernährungsberatung habe neue Kunden anlocken und für die Apotheke Gewinne und Umsatz steigern sollen. Die Aktion habe somit eine Werbemaßnahme dargestellt, in die der Apotheker die Krankenkasse durch die Zusammenarbeit einbezogen habe. Dabei trat die Krankenkasse, wie sich aus dem Aktionsmotto ergebe, als Mitveranstalter auf. Mit ihrer Beteiligung habe die Krankenkasse die Apotheke gleichsam empfohlen.

Der Umstand, dass die Krankenkasse an der Durchführung einer derartigen Veranstaltung in einer einzelnen Apotheke mitwirke, könne bei einem nicht unbeachtlichen Teil der Konsumenten, die von der Aktion durch die Einladung oder auf andere Weise erfuhren, die Vorstellung auslösen, sie halte die Apotheke generell – etwa aufgrund des dort gebotenen Services – für besonders empfehlenswert. Aus der Sicht der Konsumenten habe es nämlich nahe gelegen, dass sich die Krankenkasse nicht als Werbemittel irgendeiner Apotheke einsetzen lasse, sondern nur mit einer solchen Apotheke zusammenarbeite, die besonders vertrauenswürdig sei. Diese Vorstellung habe dadurch noch verstärkt werden können, dass derartige Kooperationen mit einzelnen Apotheken nicht nur bei Apotheken, sondern auch bei anderen Verkaufsstellen apothekenüblicher Waren weitestgehend unbekannt seien.

Den Einwand des Apothekers, seinerseits nicht darauf bestanden zu haben, dass die »Gesundheitstage« ausschließlich mit seiner Apotheke durchgeführt würden und dass die Aktion von ihm auch nicht mit einem Exklusivitätszusatz im weitesten Sinne beworben worden sei, wies das Gericht zurück. Vielmehr reiche es aus, dass in Folge der rein tatsächlichen Alleinstellung die Autorität einer gesetzlichen Krankenkasse für eine eigene Werbemaßnahme missbräuchlich eingesetzt worden sei. Dass auch andere Apotheken die Gelegenheit zu ähnlichen – rechtswidrigen – Maßnahmen gehabt hätten, vermochte der Aktion des Apothekers die Wettbewerbswidrigkeit nicht zu nehmen.

Der Apotheker als Referent
in einer Seminarveranstaltung

Eine Apothekerin will als Referentin in Seminarveranstaltungen auftreten und hierfür werben. Was zu beachten ist, soll folgender Fall verdeutlichen.

Apothekerin Amanda Semper-Fidelis hat vor, näher mit Selbsthilfegruppen und Patientenorganisationen zusammenzuarbeiten. Sie plant hierzu eine Seminarreihe, bei der sie als Referentin auftritt. Bei den Ankündigungen der Seminarreihe möchte sie sowohl sich, als auch ihre Apotheke namentlich erwähnen. Sie fragt, ob sie dies darf und wenn ja, in welchem Umfang.

Die Durchführung und Ankündigung von Seminarveranstaltungen, in der sowohl der Leiter als auch die Apotheke namentlich genannt werden, ist eine Werbemaßnahme und daher an der Berufsordnung und dem Gesetz gegen den unlauteren Wettbewerb (UWG) zu messen.

§ 1 UWG lautet wie folgt: »(Generalklausel) Wer im geschäftlichen Verkehre zu Zwecken des Wettbewerbes Handlungen vornimmt, die gegen die guten Sitten verstoßen, kann auf Unterlassung und Schadensersatz in Anspruch genommen werden.«

§ 3 UWG lautet: »(Irreführende Angaben) Wer im geschäftlichen Verkehr zu Zwecken des Wettbewerbs über geschäftliche Verhältnisse, insbesondere über die Beschaffenheit, den Ursprung, die Herstellungsart oder die Preisbemessung einzelner Waren oder gewerblicher Leistungen oder des gesamten Angebots, über Preislisten, über die Art des Bezuges oder die Bezugsquelle von Waren, über den Besitz von Auszeichnungen, über den Anlaß oder den Zweck des Verkaufs oder über die Menge der Vorräte irreführende Angaben macht, kann auf Unterlassung der Angaben in Anspruch genommen werden.«

Der Leiter einer Apotheke hat die Möglichkeit, auf diese Weise auf die Apotheke aufmerksam zu machen, wenn er folgendes beachtet: Sowohl die Art und Weise der Ankündigung wie auch die spätere Durchführung der Veranstaltung dürfen nicht reißerisch oder marktschreierisch wirken; der Apotheker muss im Rahmen der Veranstaltung tatsächliche fachliche Kompetenz vermitteln; der Themenbereich der Veranstaltung darf nicht dazu geeignet sein, das Vertrauen der Bevölkerung in die Apothekerschaft zu erschüttern, und die Seminarveranstaltung darf nicht als Verkaufsveranstaltung oder Werbeveranstaltung für die Apotheke genutzt werden.

Zunächst einmal ist zu bedenken, dass es sich bei der namentlichen Nennung sowohl des Apothekers wie der Apotheke um eine grundsätzlich zulässige Außenwerbung handelt. Diese darf beispielsweise durch Plakate oder Zeitungswerbung vorgenommen werden. Nach der Rechtsprechung des Bundesverfassungsgerichts und den Berufsordnungen der Apothekerkammern ist eine Einzelwerbung außerhalb der Apotheke in dem Maße zulässig, in dem seriöse Gewerbetreibende werben dürfen und werben. Dies ist bei der namentlichen Nennung von Apotheker und Apotheke unproblematisch, da dies das Informationsbedürfnis der Bevölkerung deckt und zu den üblichen Gepflogenheiten des Wettbewerbs gehört. Die Ankündigung, die in sachlicher Weise erfolgen muss, enthält Aussagen über die Person und verbunden mit dem Berufshinweis und der Apotheke auch auf die fachliche Kompetenz des Referenten.

Dieser Hinweis auf die fachliche Kompetenz des Referenten ist wettbewerbsrechtlich unproblematisch, da sie grundsätzlich nicht geeignet ist, das Vertrauen der Bevölkerung in die Apothekerschaft zu verringern. Vielmehr kann es sich positiv auswirken, wenn bei einem solchen Vortrag die Fähigkeiten des Apothekers verdeutlicht werden und er auch im Rahmen eines Vortrages der Aufgabe gerecht wird, den Arzneimittelmehrgebrauch zu unterbinden. Aus diesem Grunde empfiehlt es sich, Seminarveranstaltungen im inhaltlichen Zusammenhang mit der apothekerlichen Tätigkeit durchzuführen.

Gleichwohl ist darauf hinzuweisen, dass auch ein Referat eines Apothekers auf einem Gebiet, das mit seiner beruflichen Tätigkeit nichts zu tun hat, nicht grundsätzlich einen Verstoß gegen die Berufsordnung in sich birgt. Dies gilt auch für Veranstaltungen, die ein Apotheker gemeinsam mit einem Dritten durchführt. Beispielsweise ist eine Impfaktion eines Apothekers mit einem Reisebüro grundsätzlich unproblematisch, sofern die Veranstaltung dem Gebot der Sachlichkeit gerecht wird. Hier ist der Hinweis auf die Apotheke jedoch mehr als problematisch, es kommt hinzu, dass auch bei einem solchen Vortrag der Apotheker an seiner öffentlichen Aufgabe zu messen ist. Vorträge, die dem Arzneimittelmehrgebrauch Vorschub leisten könnten, suchtfördernd sind oder in sonstiger Weise dem Berufsbild des Apothekers schaden können, verstoßen daher gegen die Berufsordnung und damit auch gegen das Wettbewerbsrecht.

Ebenso verstößt es gegen das Wettbewerbsrecht, wenn die Seminarreihe zwar wissenschaftliche Vorträge enthält, dies allerdings nur ein Vorwand sein soll, um die Zuhörer von dem Kauf einer Ware zu überzeugen. Mit anderen Worten, es darf nicht eintreten, dass die Zuhörer mit einem wissenschaftlich fundierten Vortrag oder einer sachlichen Aufklärung rechnen, stattdessen jedoch geschickt zum Kauf einer Ware animiert werden. Ein solches Verhalten des Apothekers verstößt gegen die lauteren Wettbewerbssitten und ist daher wettbewerbswidrig.

Jeder Zuhörer einer solchen Veranstaltung, wie jeder Verbraucher und Kunde überhaupt, soll sich aus eigenem freiem Willen für eine bestimmte Apotheke entscheiden können. Hier kann durch wissenschaftlich fundierte und sachliche Vorträge Hilfestellung geleistet werden, ohne dass dies problematisch wäre. Unzulässig ist jedoch eine Irreführung der Kunden mit dem Ziel, das Vertrauen in die Apotheken insgesamt und in eine bestimmte Apotheke auszunutzen und den Kunden dadurch zum Kauf einer Ware zu nötigen.

Wird der Apotheker als Referent bei einer Veranstaltung eines pharmazeutischen Unternehmens tätig, das ausschließlich seine Produkte dar-

stellt, ist ebenfalls die freie Willens-
entscheidung des Verbrauchers beein-
trächtigt. Hier muss befürchtet werden, dass seitens des pharmazeutischen Unternehmens die Vertrauensstellung in die Apothekerschaft insgesamt wie auch in den einzelnen Apotheker ausgenutzt werden soll, um die
eigenen Produkte am Markt zu plat-
zieren. Für den Apotheker kommt
hinzu, dass dieses Verhalten geeignet
ist, seine freie Entscheidung bei der
Auswahl von Arzneimitteln und der
dazugehörenden Beratung im Einzelfall hinten anzustellen, um gerade die
Produkte des werbenden pharmazeutischen Unternehmens zu empfehlen.

Dies gilt ganz besonders für Apotheker, denen das Publikum ein besonderes Vertrauen ob der öffentlichen
Aufgabe der Arzneimittelversorgung
entgegenbringt. Daher darf der Apotheker bei einem Vortrag auch nicht
seine Eigenschaft als Referent dazu
nutzen, aus der Veranstaltung eine Verkaufsveranstaltung für seine Apotheke
zu machen. Damit missbraucht er das
in ihn gesetzte Vertrauen und handelt
wettbewerbswidrig. Das Anpreisen
von Arzneimitteln ist daher ebenso
wettbewerbswidrig wie eine allgemeine Hervorhebung der Apotheke.

Ein Hinweis auf Dienstleistungen,
die andere Apotheken nicht erbringen,
ist zulässig. Hierbei ist jedoch ein
strenger Maßstab anzulegen, da es
wettbewerbsrechtlich unzulässig ist,
eine Leistung als Besonderheit anzu-
preisen, die auch von einer Vielzahl
von anderen Apotheken erbracht
wird. Dieser so genannten Alleinstellungswerbung widmet sich der Beitrag »Unzulässige Alleinstellungswerbung«, S. 20.

Unerlaubte Zusammenarbeit zwischen Arzt und Apotheker

Spätestens seit der gemeinsamen Erklärung von BDA (Berufsverband der Allgemeinärzte Deutschlands) und der ABDA vom 19. Dezember 1997, erst Recht unter dem Eindruck einer rigiden Sparpolitik im Gesundheitsministerium, dürfte allen Beteiligten am Gesundheitswesen die Notwendigkeit einer interdisziplinären Zusammenarbeit deutlich geworden sein. Vielfältig wird in der pharmazeutischen Presse über »Arzt/Apotheker-Kommunikation«, »Arzt-Apotheker-Gesprächskreise« oder die »Kommunikation zwischen Arzt und Apotheker« berichtet.

In dem Bemühen, eine möglichst enge Verzahnung ärztlicher und apothekerlicher Dienstleistung auf regionaler Ebene zu erreichen, wird allerdings häufig eine Grauzone berührt, die eine Abgrenzung zur unzulässigen Zusammenarbeit zwischen Arzt und Apotheker erforderlich macht. Als Beispiel mag insoweit der in der »PTA heute« vom Juni 1999 erschienene Aufsatz unter dem Titel »Teamarbeit für den Patienten?« dienen. Am Ende dieses Aufsatzes (Seite 633) heißt es, dass der Schulterschluss von Arzthelferinnen und PTAs auch die Möglichkeit der Umsatzverbesserung durch aktive beiderseitige Empfehlung mit sich bringen könne. Im Folgenden wird unter anderem zu zeigen sein, in welchem Umfange derartige »Empfehlungen« noch zulässig sind.

Zentralnorm für die Beurteilung der Rechtslage ist § 11 des Apothekengesetzes. Diese Vorschrift lautet wie folgt:

Erlaubnisinhaber und Personal von Apotheken dürfen mit Ärzten oder anderen Personen, die sich mit der Behandlung von Krankheiten befassen, keine Rechtsgeschäfte vornehmen oder Absprachen treffen, die eine bevorzugte Lieferung bestimmter Arzneimittel, die Zuführung von Patienten, die Zuweisung von Verschreibungen oder die Fertigung von Arzneimitteln ohne volle Angabe der Zusammensetzung zum Gegenstand haben.

Betroffen von dem Verbot unzulässiger Zusammenarbeit ist nicht nur der Apotheker selbst, sondern das gesamte bei ihm beschäftigte Personal, also auch die in dem oben erwähnten Aufsatz angesprochene PTA. Auf der anderen Seite beschränkt sich das Verbot nicht nur auf Rechtsgeschäfte und Absprachen mit Ärzten, Zahnärzten, Tierärzten und Heilpraktikern, sondern nach Sinn und Zweck der Norm auch auf Krankenschwestern, Krankenpfleger, Arzthelferinnen etc. Dies entspricht jedenfalls allgemeiner Ansicht in der apothekenrechtlichen Kommentarliteratur. Dieser genannte Personenkreis hat nach dem Willen des Gesetzgebers vier Verbotstatbestände zu beachten, von denen insbesondere der dritte häufig Gegenstand gerichtlicher Überprüfungen ist: bevorzugte Lieferung bestimmter Arzneimittel, Zuführung von Patienten,

Zuweisung von Verschreibungen und Fertigung von Arzneimitteln unter Decknamen.

Zu der verbotenen Zuweisung von Verschreibungen zählt nach der Rechtsprechung alles, was dazu dient, Rezepte unter Ausschluss anderer Apotheken einzelnen oder mehreren Apotheken anteilig oder im Wechsel zukommen zu lassen. Dies kann beispielsweise dadurch geschehen, dass in der ärztlichen Praxis ausgestellte Rezepte von dort in die Apotheke gefaxt werden mit der Zusage an den Patienten, dass die Arzneimittel wenig später ins Haus gebracht würden.

Mit einem solchen Fall hatte sich das Landgericht Tübingen im Jahre 1995 zu beschäftigen. Die Fallkonstellation, die als typisierendes Beispiel angesehen werden kann, ist ausführlich von Lutz Tisch in der Pharmazeutischen Zeitung 1995 Seite 4030 besprochen worden. Das Landgericht Tübingen hat sich auf den zutreffenden Standpunkt gestellt, dass es letztlich keinen Unterschied mache, ob Rezepte in die Apotheke gefaxt, fernmündlich übermittelt oder von einer Helferin in die Apotheke gebracht beziehungsweise von dem Apothekenpersonal in der Arztpraxis abgeholt würden. Entscheidend sei, dass die Tätigkeit des Apothekers auf die Apothekenbetriebsräume beschränkt sei und deshalb nicht nur ein Verstoß gegen § 11 des Apothekengesetzes vorliege, sondern auch gegen die Apothekenbetriebsordnung. Zudem entstehe durch eine derartige Übung ein Kontakt zwischen Arzt und Apotheker, der den Wettbewerb zwischen den Apotheken verfälsche. Letztlich entscheide nicht mehr der Patient, welche Apotheke das Rezept einlöse, sondern der Arzt. Dies sei mit den guten Sitten

nicht mehr vereinbar. Eine Ausnahme könne nur in Notfällen gemacht werden.

Aus dieser Entscheidung wird bereits deutlich, dass der Begriff der »Absprache« weit gefasst wird. Auch eine so genannte »konkludente Verabredung« (durch schlüssiges Verhalten getroffene Absprache) reicht aus, um den Verstoß gegen § 11 Apothekengesetz festzustellen. Eine Absprache im Sinne des Gesetzes liegt deshalb beispielsweise auch dann vor, wenn der Apotheker einem Arzt Arzneimittel liefert, die als Sprechstundenbedarf ebenso verwendet werden können wie zur Abgabe an den Patienten und der Arzt dem Apotheker für die Arzneimittel Verschreibungen aushändigt, die auf einzelne Patienten ausgestellt sind (Berufsgericht Niedersachsen Pharm. Ztg, 1974 Seite 1170).

Unzulässig ist es aber auch, wenn Apotheker und Apothekenpersonal ihren Kunden die Konsultation eines bestimmten Arztes empfehlen, wenn dies aufgrund einer mit dem Arzt getroffenen Vereinbarung geschieht. Umgekehrt ist es auch nicht zulässig, dass der Arzt oder sein Personal dem Patienten eine bestimmte Apotheke empfiehlt, in der das Rezept eingelöst werden soll. Voraussetzung der Unzulässigkeit ist in allen genannten Fallkonstellationen, dass eine entsprechende Vereinbarung zwischen Arzt und Apotheker getroffen worden ist. Dabei muss eine Vereinbarung – wie oben bereits erwähnt – nicht notwendig schriftlich oder auch nur mündlich erfolgen, sie kann auch stillschweigend durch entsprechende tatsächliche Übung getroffen werden.

Zulässig ist es hingegen, dass der Apotheker auf entsprechende Anfrage eines Kunden eine Facharztempfehlung ausspricht, ebenso ist es umgekehrt zulässig, wenn ein Arzt auf eine entsprechende Frage seines Patienten eine Apotheke empfiehlt, die sich beispielsweise auf homöopathische Produkte spezialisiert hat. Entscheidend ist immer, dass die Empfehlung nicht aufgrund einer Absprache zwischen Arzt und Apotheker geschieht. Vor diesem Hintergrund erscheint der im oben zitierten Aufsatz »Teamarbeit für den Patienten?« empfohlene »Schulterschluss« von Arzthelferin und PTA mit der Folge gegenseitiger Empfehlung unter apothekenrechtlichen Gesichtspunkten zumindest bedenklich.

Um Missverständnissen vorzubeugen: Selbstverständlich ist eine intensive Kommunikation zwischen Arzt und Apotheker unerlässlich; die Grenze ist aber dort zu ziehen, wo die Kommunikation und der gegenseitige Meinungsaustausch dazu führen, dass unter Ausschluss anderer Apotheken Allianzen zwischen dem betreffenden auf »seine« Ärzte zugehenden Apotheker und diesen Ärzten gebildet werden mit der Folge, dass die Ärzte die Rezepte unmittelbar oder mittelbar in die Apotheke dieses Apothekers leiten.

Die unzulässige Zusammenarbeit von Apothekern und Ärzten kann sich aber auch noch in einer weiteren Fallkonstellation manifestieren, nämlich auf der Ebene des Preises für Arzneimittel. Das schleswig-holsteinische Oberlandesgericht hatte sich in einer Entscheidung vom 13. August 1996 (Az. 5 vO 117/95) mit folgendem Sachverhalt zu beschäftigen:

Ein Arzt hatte bei einem Pharmaunternehmen ein Lokalanästhetikum zu einem Sonderpreis angeboten bekommen und eine entsprechend große Menge Ampullen geordert. Diese Ampullen sollten über die betroffene Apotheke ausgeliefert werden, wobei die Rechnung für die Ware den Zusatz enthielt »Herrn Dr. ...! Sonderpreis!!!« Das Oberlandesgericht in Schleswig hat sich zu Recht auf den Standpunkt gestellt, dass es eine unzulässige Zusammenarbeit zwischen Arzt und Apotheker darstelle, wenn eine Apotheke das Arzneimittel lediglich zum Zwecke der Weiterleitung an den Arzt erhalte und im übrigen dem Arzt einen anderen Preis berechne, als dies nach der Arzneimittelpreisverordnung vorgegeben sei. Arzt und Apotheker dürfen also auch nicht in der Weise zusammenarbeiten, dass die Apotheke als »Lieferadresse« missbraucht und Preisvorteile des Lieferanten unter Umgehung der Arzneimittelpreisverordnung durch die Apotheke an den Arzt weitergegeben werden.

In die gleiche Richtung geht auch die Entscheidung des Oberlandesgerichtes Düsseldorf vom 17. Mai 1990 (Aktenzeichen 2 U 93/89) und die weitere Entscheidung des Landgerichtes Krefeld vom 18. Juli 1991 zum Aktenzeichen 12 O 49/91. Beide Entscheidungen weisen zutreffend darauf hin, dass die Apotheke grundsätzlich die volle freie Verfügungsgewalt über die Medikamente haben müsse und bei der oben aufgezeigten Fallkonstellation ein Verstoß gegen die Vorschriften des Gesetzes gegen den unlauteren Wettbewerb vorliege.

Ist die Rezeptsammlung in Arztpraxen also nach den oben aufgezeigten Grundsätzen unzulässig, so stellt sich die Situation bei genehmigten Rezeptsammelstellen nach § 24 Apothekenbetriebsordnung differenzierter dar. Zwar dürfen Rezeptsammelstellen gemäß § 24 Abs. 2 bei Angehörigen der Heilberufe nicht unterhalten werden. Rezeptsammelstellen an Gebäuden von Angehörigen der Heilberufe sind jedoch dann rechtlich unbedenklich, wenn zwischen der Rezeptsammelstelle einerseits und der ärztlichen Praxis andererseits keine organisatorischen Zusammenhänge bestehen.

Zusammenfassend lässt sich feststellen, dass die Zusammenarbeit zwischen Arzt und Apotheker von fachlichen Gesichtspunkten und Fragen wirtschaftlicher Verordnungsweise geprägt sein sollte, in keinem Fall aber Absprachen, seien sie ausdrücklicher oder auch stillschweigender Natur, zulässig sind, die einen Zufluss von Rezepten aus der Arztpraxis in die Apotheke bedingen.

Ebenso wenig ist es zulässig, Arztpraxen bei der Belieferung Sonderkonditionen unter Umgehung der Arzneimittelpreisverordnung einzuräumen, selbst wenn dies von dem Lieferanten gewünscht wird. Sollten die gesetzlichen Bestimmungen insoweit nicht eingehalten werden, drohen dem Apotheker erhebliche Schadensersatzforderungen von Konkurrenzapothekern. Die Gerichte neigen in derartigen Fällen dazu, im Wege einer Schätzung die Beträge als Schadensersatz dem Apotheker aufzuerlegen, die der Konkurrenz durch die ungerechtfertigte Zuweisung von Rezepten aus der Arztpraxis verlorengegangen sind. Schadensersatzforderungen in fünf- oder sogar sechsstelliger Größenordnung sind insoweit keine Seltenheit.

Werbung in Arztpraxen

Die Werbung des Apothekers in Arztpraxen ist nicht zulässig. Sie stellt einen Wettbewerbsverstoß dar, weil sie den Arzt dazu veranlasst, gegen ärztliches Berufsrecht zu verstoßen. Mit der Werbung für Dritte verstößt der Arzt gegen die Verpflichtung, seinen Beruf gewissenhaft auszuüben und dem ihm im Zusammenhang mit dem Beruf entgegengebrachten Vertrauen zu entsprechen.

Das Bundesverfassungsgericht hat mit seinem vielbeachteten Beschluss vom 22. Mai 1996 (1) sowie insbesondere dem weiteren Beschluss vom 20. August 1996 (2) die Werbemöglichkeiten der Apotheker wesentlich beeinflusst und erweitert. Es hat indessen kein Plädoyer für eine grenzenlose Werbefreiheit gehalten. Das Bundesverfassungsgericht hat lediglich spezifische Werbevorschriften einiger Berufsordnungen für verfassungswidrig erklärt, weil sie einen unverhältnismäßigen Eingriff in die durch Art. 12 Grundgesetz garantierte Berufsfreiheit darstellen. Die Verfassungsrichter haben aber gleichzeitig keinen Zweifel daran gelassen, dass die zahlreichen außerhalb der Berufsordnungen normierten Werbebeschränkungen verfassungsgemäß sind und haben insoweit mehrfach ausdrücklich auf die Grenzen der Werbung hingewiesen, die sich insbesondere aus dem Gesetz gegen den unlauteren Wettbewerb (UWG) ergeben.

Es sind heute die außerhalb der Berufsordnungen normierten wettbewerbsrechtlichen Werbegrenzen, die häufig überschritten werden. Die apothekerliche Werbung in einer Arztpraxis stellt eine solche Grenzüberschreitung dar. Das Interesse des Apothekers, für die Produkte, Dienstleistungen oder auch Informationsveranstaltungen seiner Apotheke dort zu werben, wo eine Vielzahl von Patienten zusammentrifft, ist zwar nachzuvollziehen. Die Verlockung, entsprechendes Werbematerial in der Form von Flyern, Informationsbroschüren oder Apothekenzeitschriften in Arztpraxen auszulegen, ist daher zu verstehen. Das Wettbewerbsrecht lässt eine solche Werbung des Apothekers indessen nicht zu.

Die Ursache der Wettbewerbswidrigkeit liegt im ärztlichen Berufsrecht begründet. Der Arzt verstößt nämlich gegen die in der Berufsordnung der Ärzte verankerte Verpflichtung, seinen Beruf gewissenhaft auszuüben und dem ihm im Zusammenhang mit dem Beruf entgegengebrachten Vertrauen zu entsprechen, wenn er in seiner Praxis für Dritte und deren Produkte wirbt. Das hat das Verwaltungsgericht in Münster mit Urteil vom 20. Mai 1998 ausdrücklich klargestellt (3).

»Zur gewissenhaften Ausübung des Arztberufes gehört es, alles zu unterlassen, was mit dem Berufsbild des Arztes nicht in Einklang zu bringen ist, sich mithin als berufswidrig darstellt. Das Berufsbild des Arztes ist durch eine besondere Berufs- und Standesethik geprägt, die ihrerseits daraus resultiert, dass ein Arzt kein Gewerbe betreibt, sondern ausschließlich einen freien Beruf ausübt. Mit dieser Maßgabe wird sichergestellt, dass das Handeln des Arztes von der Sorge für das Wohl seiner Patienten und der Allgemeinheit bestimmt wird. Sie garantiert, dass der Arzt sich nur von medizinischen Notwendigkeiten leiten lässt und sein Handeln nicht, wie in der gewerblichen Wirtschaft üblich, von Gewinnstreben bestimmt wird. Es wird hierdurch klargestellt, dass anders als im gewöhnlichen gewerblichen Verkehr nicht eine Ware, sondern der Mensch im Mittelpunkt der ärztlichen Tätigkeit steht, was besondere ethische Verpflichtungen des Arztes bedingt. Der Arzt hat insoweit seinem Patienten Achtung und Respekt entgegenzubringen, seine menschliche Würde zu beachten und seine gesamte Tätigkeit entsprechend den Geboten der ärztlichen Sitte und der Menschlichkeit auszuüben.

Dem Arzt obliegt eine in der gewerblichen Wirtschaft unübliche Verantwortung und Fürsorge gegenüber seinen Patienten, da diese aufgrund mangelnder eigener Fachkunde regelmäßig nicht in der Lage sind, Entscheidungen und Empfehlungen ihres Arztes in Frage zu stellen. Sie sind darauf angewiesen, ihrem Arzt ein großes Maß an Vertrauen entgegenzubringen. Hiermit korrespondierend verpflichtet die Berufsordnung den Arzt, dem ihm im Zusammenhang mit dem Beruf entgegengebrachten Vertrauen zu entsprechen.

In weiten Teilen der Bevölkerung ist das dem Arzt entgegengebrachte Vertrauen nicht auf die medizinische Behandlung beschränkt. Die Vorstellung, ein Arzt »kenne sich aus« und »wisse was gut ist«, wird vielfach undifferenziert auf andere Lebensbereiche übertragen und gerade von Kranken, die besonders empfänglich und beeinflussbar sind, häufig ebensowenig wie

die Fachkompetenz in Frage gestellt. Aus diesem Grund besteht die naheliegende (und aufgrund der besonderen standesethischen Verantwortung des Arztes zu vermeidende) Gefahr, dass bei einer Vielzahl von Patienten der Eindruck entsteht, der Arzt stehe mit seiner Fachkunde hinter den angepriesenen Produkten sowie Dienstleistungen und heiße diese gut, werbe folglich für sie. Ein solcher Eindruck drängt sich förmlich auf, da nicht davon auszugehen ist, dass ein Arzt in seinen Räumlichkeiten Werbung für Produkte und Dienstleistungen gestattet, die er nicht gutheißt.«

Das Verwaltungsgericht hat ausdrücklich klargestellt, dass das Verbot, in Praxisräumen für Dritte und deren Produkte zu werben, nur einen unwesentlichen Eingriff in die Berufsausübungsfreiheit des Arztes darstellt und den Arzt nicht unzumutbar belastet.

Das ärztliche Werbeverbot führt zu einer eigenständigen Rechtsverletzung durch den Apotheker, wenn dieser dem Arzt Werbematerialien zur Auslage in der Praxis überlässt oder auch nur anbietet. Der Apotheker ist zwar nicht Adressat der Normen des ärztlichen Berufsrechts, aus denen sich das Werbeverbot ergibt. Er begeht aber einen selbstständigen Wettbewerbsverstoß, wenn er Ärzte zur Verletzung ihres Berufsrechts veranlasst, um die eigenen Produkte und Dienstleistungen besser absetzen zu können. Es ist unredlich, den eigenen Wettbewerb auf der wettbewerbswidrigen Missachtung der berufsständischen Pflichten eines anderen aufzubauen. Das hat das Oberlandesgericht Stuttgart bereits 1996 ausdrücklich bestätigt (4).

Der regelmäßige Einwand, dass der Arzt in eigener Verantwortung entscheidet, ob er in seiner Praxis Werbung durch Dritte zulässt oder nicht, entlastet den Apotheker nicht. Wettbewerbswidrig handelt nämlich schon derjenige, der aktiv daran mitwirkt, einen wettbewerbswidrigen Zustand zu schaffen. Es ist nicht erforderlich, dass es zur Werbung in der Arztpraxis und damit zu diesem wettbewerbswidrigen Zustand tatsächlich gekommen ist; ausreichend ist, dass eine Werbung ernstlich droht. Das ist bereits bei einem Angebot, Werbung in der Arztpraxis zu betreiben, der Fall. Das Angebot des Apothekers zielt auf die Schaffung eines wettbewerbswidrigen Zustandes ab.

Die Werbung des Apothekers in einer Arztpraxis führt unabhängig von der dargestellten wettbewerbsrechtlichen Problematik in der Regel auch zu einem selbstständigen Verstoß gegen das apothekerliche Berufsrecht. Dieses verbietet vielfach alle Handlungen, die eine Zuführung von Patienten zur Folge haben können, um dadurch die freie Apothekenwahl möglichst umfassend zu gewährleisten. Die freie Apothekenwahl wird aber nicht unerheblich beeinflusst, wenn der Apotheker mit Zustimmung des Arztes in dessen Praxis Werbung betreibt. Die Patienten vertrauen auf die Fachkompetenz ihres Arztes und werten die Werbung für eine bestimmte Apotheke als Ratschlag ihres Arztes. Die in Zusammenarbeit zwischen dem Arzt und dem Apotheker initiierte Werbung stellt insoweit sogar eine Handlung dar, die eine Zuführung von Patienten nicht nur zur Folge haben kann, sondern in der Regel auch zur Folge hat.

Die juristische Bewertung der »Werbung in Arztpraxen« ist von der rechtlichen Beurteilung der »Werbung gegenüber Ärzten« zu unterscheiden. In der Vergangenheit ist es zu einer Vielzahl wettbewerbsrechtlicher Verfahren aufgrund von Werbebriefen gekommen, in denen Apotheker den örtlichen und auch überörtlichen Ärzten verschiedene Angebote für den Praxisbedarf (zum Beispiel Impfstoffe) unterbreitet haben. Die Zulässigkeit dieser »Werbung gegenüber Ärzten« wird im Beitrag »Werbung bei Ärzten für Impfstoff«, S. 44, behandelt.

Quellen

1) BVerfG, Beschluss vom 22.5.1996, 1 BvR 744/88, in: PZ Nr. 93, 15.8.1996, S. 90ff.
2) BVerfG, Beschluss vom 20.8.1996, 1 BvR 1743/88, in: NJW 1996, Seite 3070f.
3) VG Münster, Urteil vom 20.5.1998, 6 K 3821/97, in: MedR 1999, Seite 146ff.
4) Oberlandesgericht Stuttgart, Urteil vom 23.8.1996, 2 U 120/96, in: MedR 1997, Seite 175, 176.

Faxgeräte in Altenheimen

Die Bereitstellung eines Faxgerätes in einem Alten- und Pflegeheim von einem Apotheker und die hierdurch geschaffene Möglichkeit der Übermittlung von Patientenrezepten zur Vorabanfrage ist wegen des Verstoßes gegen apothekenrechtliche Vorschriften wettbewerbswidrig, auch wenn keine ausdrückliche Absprache über die Zusendung der Rezepte stattfand, sondern insofern nur eine stillschweigende Übereinstimmung besteht.

Alten- und Pflegeheime dürfen im Gegensatz zu Krankenhäusern und diesen nach § 14 Abs. 6 Apothekengesetz (ApoG) gleichgestellten Einrichtungen ausnahmslos keine Versorgungsverträge mit Apotheken abschließen, da ihnen die Arzneimittelversorgung der Bewohner nicht als Aufgabe zugewiesen ist.

In diesem Sinne bestätigte der Bundesgerichtshof mit Urteil vom 11. Februar 1982 (NJW 1982, 1330ff., PZ 1982, 844ff.), dass Heimbewohner stationär behandelten Krankenhauspatienten rechtlich nicht gleichgestellt sind. Diese Bewertung ändert sich auch nicht dadurch, dass dem Heimträger aufgrund des Beherbergungs- und Versorgungsvertrages erhöhte Fürsorgepflichten obliegen und er im Rahmen dieses Vertrages verpflichtet ist, für die Versorgung der Heimbewohner mit Arzneimitteln Sorge zu tragen. Der Heimträger wird nur im Auftrag des Heimbewohners tätig.

Verschreibungen für Heimbewohner haben daher die gleiche rechtliche Qualität wie Verschreibungen für jeden anderen ambulant behandelten Patienten. Dies hat zur Konsequenz, dass die Heimbewohner grundsätzlich die uneingeschränkt freie Wahl »ihrer« Apotheke haben. Dies gilt jedoch nur soweit die Patienten entweder in der Lage sind, sich selbst die benötigten Arzneimittel zu beschaffen oder soweit die Heimleitung ihren Wünschen bei der Besorgung der Arzneimittel entsprechen kann. Hier ist insbesondere die Wahl dadurch eingeschränkt, dass die Besorgung durch die Heimleitung zumutbar ist.

Keine freie Wahl hat darüber hinaus selbstverständlich auch der Patient, der aufgrund seines Krankheitszustandes nicht mehr in der Lage ist, einen Willen zu äußern. Die Abgabe der Arzneimittel erfolgt jedoch immer im Verhältnis zwischen dem Apotheker und dem Patienten und nicht gegenüber dem Alten- und Pflegeheim. Das Alten- und Pflegeheim handelt daher nur als Vertreter und Bote.

Dass Absprachen zwischen Apotheker und Alten- und Pflegeheim zu einem wettbewerbswidrigen Verhalten des Apothekers führen können, hat das Oberlandesgericht Dresden (OLG Dresden) mit Urteil vom 20. August 1998 bestätigt.

Der Apotheker hatte einem Alten- und Pflegeheim unentgeltlich ein Faxgerät zur Verfügung gestellt. Damit konnte die Leitung des Heims Rezepte für die Heimbewohner dem Apotheker vorab faxen, um nachzufragen, ob die entsprechenden Arzneimittel vorrätig seien. Später kam dann ein Mitarbeiter des Alten- und Pflegeheims in die Apotheke, übergab dort die Originalrezepte und nahm gleichzeitig die Arzneimittel mit. Hiergegen machte ein konkurrierender Apotheker einen Unterlassungsanspruch geltend. Es läge ein Verstoß gegen § 1 des Gesetzes gegen den unlauteren Wettbewerb (UWG) vor, da der Apotheker im geschäftlichen Verkehr zu Zwecken des Wettbewerbs Handlungen vorgenommen habe, die gegen die guten Sitten verstießen.

Nach Ansicht des OLG Dresden bestand ein Unterlassungsanspruch des konkurrierenden Apothekers aus § 13 Abs. 2 Nr. 1 i.V.m. § 1 UWG, da der Verstoß gegen die guten Sitten in mehrfachen Zuwiderhandlungen gegen apothekenrechtliche Vorschriften liege. Das Gericht untersagte dem Apothekeninhaber unter Androhung eines Ordnungsgeldes bis zu 500 000 DM, unerlaubt Rezeptsammlungen in Pflegeheimen vornehmen zu lassen und sich insoweit auf telefonische Bestellungen oder Bestellungen per Telefax einzulassen. Das Gericht urteilte nicht über das Verhalten des Alten-

und Pflegeheimes, sondern stellte ausdrücklich klar, dass insofern nur über das wettbewerbswidrige Verhalten des Apothekers entschieden würde.

Der Apotheker habe mit der Bereitstellung des Faxgerätes gegen § 11 ApoG verstoßen. Eine solche Absprache müsse nicht notwendig ausdrücklich erfolgen, sie käme vielmehr auch durch schlüssiges Verhalten zustande. Indem der Apotheker das Faxgerät zur Verfügung gestellt habe, habe er zu erkennen gegeben, dass er mit der Praxis des Altenheimes, die Rezepte vorab zu faxen, um den Vorrat überprüfen zu können, einverstanden war und diese Praxis nicht nur dulden, sondern vielmehr auch aktiv fördern wollte.

§ 1 Abs. 3 Apothekengesetz

»Die Erlaubnis (zum Betrieb der Apotheke) gilt nur für den Apotheker, dem sie erteilt ist, und für die in der Erlaubnisurkunde bezeichneten Räume.«

Der Bundesgerichtshof (BGH) hatte im Jahr 1980 entschieden, dass § 1 ApoG verletzt sei, wenn ein Apotheker Rezepte von Angestellten abholen ließe. Qualitativ sei aber gleich zu bewerten, wenn ein Apotheker ein Faxgerät zur Verfügung stelle, da im Vergleich mit dem Abholen hierin nur ein technisch verfeinertes Verfahren läge. Daher läge auch, wenn Hilfsmittel aus der Sphäre des Apothekenleiters außerhalb der Apotheke genutzt würden, ein Bemühen des Apothekers vor, außerhalb seiner Apotheke an Rezepte zu gelangen.

Der Apotheker habe keine Erlaubnis zur Errichtung einer Rezeptsam-

§ 11 Apothekengesetz

»Erlaubnisinhaber und Personal von Apotheken dürfen mit Ärzten oder anderen Personen, die sich mit der Behandlung von Krankheiten befassen, keine Rechtsgeschäfte mit Ärzten vornehmen oder Absprachen treffen, die eine bevorzugte Lieferung bestimmter Arzneimittel, die Zuführung von Patienten, die Zuweisung von Verschreibungen oder die Fertigung von Arzneimitteln ohne volle Angabe der Zusammensetzung zum Gegenstand hat.«

§ 24 Abs. 1 S. 1 Apothekenbetriebs-ordnung

»Einrichtungen zum Sammeln von Verschreibungen (Rezeptsammel-stellen) dürfen nur mit Erlaubnis der zuständigen Behörde unterhal-ten werden.«

melstelle besessen. Die Errichtung ei-ner Rezeptsammelstelle könne unter den Voraussetzungen des § 24 Abs. 2 bis 4 Apothekenbetriebsordnung (ApBetrO) auch nur dann erlaubt werden, wenn diese zur ordnungs-gemäßen Arzneimittelversorgung von abgelegenen Orten oder Ortsteilen ohne Apotheke erforderlich ist. Dies schließe eine Rezeptsammelstelle al-lein aus Gründen der größeren Be-quemlichkeit immer aus. Sinn und Zweck der Norm sei, dass eine höhere Arzneimittelsicherheit gewährleistet sei, wenn die Arzneimittelabgabe auf Rezept unmittelbar vom Apotheker an den Patienten erfolge, um Fehllie-ferungen zu vermeiden und das Arzt-und Apothekergeheimnis zu wahren.

Nicht nur das Abholenlassen von gesammelten Rezepten in einem Al-ten- oder Pflegeheim, sondern auch deren Sammlung durch die Bereitstel-lung eines Telefaxgerätes durch den Apotheker kann daher für einen kon-kurrierenden Apotheker einen wettbe-werbsrechtlichen Unterlassungsan-spruch begründen. Ob sich ein Alten- und Pflegeheim der neuen elektroni-schen Übermittlungsmethoden – wie beispielsweise Faxgeräten – bedienen kann, um bei Apotheken zum Beispiel Vorabanfragen zu tätigen, wurde hier-bei nicht entschieden. Es ging bei der besprochenen Entscheidung insofern ausschließlich um das wettbewerbs-widrige Verhalten des Apothekers durch die Bereitstellung des Telefax-gerätes. Die zur Zeit aus Anlass der Bundesratsinitiative zur Änderung des ApoG diskutierte Frage, ob für die Belieferung von Alten- und Pflegehei-men zwischen deren Trägern und öf-fentlichen Apotheken aufgrund einer in das ApoG einzufügenden Vorschrift Versorgungsverträge geschlossen wer-den können, befasst sich ausschließ-lich mit einer lediglich in Aussicht ge-nommenen Gesetzeslage. Nach der ak-tuellen Rechtslage hingegen sind der-artige Versorgungsverträge nach wie vor rechtswidrig.

HEINZ-DIETER HORN

Nichterhebung des Zuzahlungsbetrages bei Abgabe von Arznei- und Hilfsmitteln

Seit der durch den Gesetzgeber normierten Zuzahlungspflicht der Patienten, die sich in den vergangenen Jahren – bis hin zum Jahre 1998 – für den einzelnen spürbar gesteigert hat, und einer sich verschärfenden Wettbewerbssituation der Apotheken untereinander haben sich die Zivil- und Berufsgerichte immer häufiger mit der Problematik der vollständigen oder teilweisen Nichterhebung des nach der Zuzahlungsverordnung festgelegten Zuzahlungsbetrages bei der Abgabe von Arzneimitteln an Versicherte in der gesetzlichen Krankenversicherung zu beschäftigen.

Die einschlägigen Vorschriften finden sich in den §§ 31 und 33 sowie 43b des SGB V (Sozialgesetzbuch 5. Buch).

Aus den obigen Vorschriften ist ersichtlich, dass sich der Gesetzgeber hinsichtlich der Art und Weise, wie die Zuzahlung realisiert wird, für einen differenzierten Weg entschieden hat:

Im Arznei- und Verbandmittelbereich haben die Leistungserbringer – also auch Apotheken – Zahlungen, die Versicherte zu entrichten haben, einzuziehen und mit ihrem Vergütungsanspruch gegenüber der Krankenkasse zu verrechnen. Bei Hilfsmitteln ist hingegen festgelegt worden, dass sich der Vergütungsanspruch des Leistungserbringers von vornherein um den Zuzahlungsbetrag verringert. Im Hilfsmittelbereich kommt es also nicht – im Gegensatz zu Arzneimitteln – zu einer Verrechnung der durch den Apotheker eingezogenen Zuzahlung mit dem Apothekenabgabepreis.

Zusammenfassend kann also als Zwischenergebnis der Analyse der gesetzlichen Vorschriften festgehalten werden, dass jeder Apotheker gemäß § 31 in Verbindung mit § 43b SGB V verpflichtet ist, Zuzahlungen der Versicherten einzuziehen, wobei eine Verrechnung mit dem Vergütungsanspruch nur im Falle von Arznei- und Verbandmitteln in Betracht kommt, während sich bei den Hilfsmitteln der Vergütungsanspruch von vornherein um den Zuzahlungsbetrag reduziert, eine Einziehungsverpflichtung im rechtstechnischen Sinne des § 43b SGB V also ausscheidet.

Die Rechtsprechung hat sich – jedenfalls soweit Entscheidungen veröffentlicht wurden – bislang nur mit der Problematik der Nichterhebung – ganz oder teilweise – des Zuzahlungsbetrages im Bereich der Arznei- und Verbandmittel beschäftigt. Dabei ist offen gelassen worden, ob bei einer Reduzierung der Zuzahlungen ein Verstoß gegen § 1 Rabattgesetz vorliegt. Ein solcher Verstoß könnte deshalb zweifelhaft sein, weil das Rabattgesetz von einem »Preisnachlass« ausgeht und mit guten Gründen die These vertreten werden könnte, die gesetzlich den Patienten auferlegte Zuzahlung sei kein »Preis« des erworbenen Arzneimittels im Sinne des Rabattgesetzes. Letztlich kann diese Frage offen bleiben, denn dem Apotheker – aber auch allen anderen abgebenden Stellen – ist es durch die Formulierung des § 43b SGB V verboten, auf die Zuzahlung zu verzichten. Dies ergibt sich aus dem Terminus »Leistungserbringer haben Zahlungen … einzuziehen«. Es handelt sich also um eine echte Rechtsverpflichtung, die auch nicht im Ermessen des einzelnen Apothekers steht. In den Berufsordnungen der Apothekerkammern der Länder findet sich deshalb auch regelmäßig eine Formulierung, wonach es dem Kammerangehörigen verboten ist, Arznei- und Verbandmittel abzugeben, ohne den der gesetzlichen Krankenkasse zustehenden Zuzahlungsbetrag einzuziehen. Letztlich stellen diese Ausformungen der Be-rufsordnungen der Apothekerkammern der Länder die konsequente Umsetzung des § 43b SGB V dar. Die Abgabe von Arznei- und Verbandmitteln ohne das Erheben des gesetzlichen Zuzahlungsanteiles stellt sich deshalb immer als Berufsordnungswidrigkeit dar.

Darüber hinaus liegt aber auch ein Verstoß gegen § 1 UWG (Gesetz gegen den Unlauteren Wettbewerb) vor. Zwar will die Zuzahlungsverordnung ebensowenig wie die §§ 31, 43b SGB V den Wettbewerb unter den Apothekern und sonstigen Abgabestellen regeln, vielmehr geht es bei der gesetzlichen Regelung um das allgemeine Ziel einer Verringerung der Ausgaben im Gesundheitswesen und ein arzneimittelreduziertes Verhalten der Verbraucher, dennoch verschafft sich derjenige Apotheker, der seine Pflicht zur Erhebung des vollen Zuzahlungsbetrages vernachlässigt, einen sachlich ungerechtfertigten Wettbewerbsvorsprung vor seinen Mitbewerbern. Dies ergibt sich nicht nur aus den einschlägigen Berufsordnungen, die den Verzicht auf die Zuzahlung als unlautere Wettbewerbsmaßnahme definieren, der Verstoß gegen § 1 UWG folgt vielmehr daraus, dass durch den Verzicht auf Zuzahlungen Kunden durch rechtswidriges Verhalten in die Apotheke gelockt werden. In einer bislang unveröffentlichten Entscheidung konnte der klagende Apotheker nachweisen, dass eine Kollegin, die pauschal bei jeder Zuzahlung auf 3 DM verzichtet hatte, massiven Einfluss auf die örtlichen Wettbewerbsverhältnisse genommen hatte. Die rechtswidrige Verhaltensweise der auf die Zuzahlung teilweise verzichtenden Apothekerin hatte in dem zu entscheidenden Fall dazu geführt, dass Kunden, denen die gesetzlich festgelegte Zuzahlungssumme von den sich rechtmäßig verhaltenden Apothekern abverlangt wurde, von der Einlösung der Verordnung in der betreffenden Apotheke Abstand nahmen und stattdessen die Apotheke der beklagten Apothekerin aufsuchten. Das entscheidende Gericht hat den geschilderten Sachverhalt zum Anlass genommen, die beklagte Apothekerin zu verurteilen, es zu unterlassen, den gesetzlichen Zuzahlungsbetrag auch nur teilweise nicht zu erheben. Bei einem vom Gericht festgelegten Streitwert von 20 000 DM ergaben sich für die unterlegene Apothekerin Kosten in einer Größenordnung von 5 500 DM, falls keine Beweisaufnahme durchgeführt werden musste. Ansonsten können die Kosten eines derartigen Verfahrens 7 500 DM sogar noch übersteigen.

Die Entscheidung zeigt, dass die zivilgerichtliche Rechtsprechung den Verstoß gegen §§ 31, 43b SGB V sehr ernst nimmt, in derartigen Fällen eine Verletzung des § 1 UWG feststellt und damit wettbewerbsrechtlichen Unterlassungsklagen Folge leistet mit der Konsequenz beträchtlicher Kostenfolgen auf Seiten des Apothekers, der seinen gesetzlichen Verpflichtungen nicht nachkommt.

Neben dem Verzicht auf die Zuzahlung des Versicherten im Bereich der Abgabe von verschriebenen Arznei- und Verbandmitteln stellt auch der Verzicht auf die Zuzahlung zu den Kosten von Bandagen, Einlagen und Hilfsmitteln zur Kompressionstherapie zumindest dann einen Verstoß gegen § 1 UWG dar, wenn der Verzicht bewusst und planmäßig vorgenommen wird, um sich im Wettbewerb unter Ausnutzung eines Rechtsbruches einen ungerechtfertigten Vorteil zu verschaffen. Um Missverständnissen vorzubeugen:

Der Begriff der Zuzahlung im Sinne des § 33 Abs. 2 SGB V ist scharf zu trennen von dem der so genannten Mehrzahlung. Von einer Mehrzahlung

§ 31 Abs. 3 (Auszug)

Versicherte, die das achtzehnte Lebensjahr vollendet haben, leisten an die abgebende Stelle zu jedem zu Lasten der gesetzlichen Krankenversicherung verordneten Arznei- und Verbandmittel als Zuzahlung für kleine Packungsgrößen 8 DM je Packung, für mittlere Packungsgrößen 9 DM je Packung und für große Packungsgrößen 10 DM je Packung, jedoch jeweils nicht mehr als die Kosten des Mittels. Satz 1 findet keine Anwendung bei Harn- und Blutteststreifen.

§ 33 Abs. 2

Ist für ein erforderliches Hilfsmittel ein Festbetrag nach § 36 festgesetzt, trägt die Krankenkasse die Kosten bis zur Höhe dieses Betrags. Für andere Hilfsmittel übernimmt sie die jeweils vertraglich vereinbarten Preise. Versicherte, die das 18. Lebensjahr vollendet haben, haben zu den Kosten von Bandagen, Einlagen und Hilfsmitteln zur Kompressionstherapie eine Zuzahlung von zwanzig vom Hundert des von der Krankenkasse zu übernehmenden Betrages an die abgebende Stelle zu leisten; der Vergütungsanspruch nach den Sätzen 1 und 2 verringert sich um diesen Betrag.

§ 43 b

Leistungserbringer haben Zahlungen, die Versicherte zu entrichten haben, einzuziehen und mit ihrem Vergütungsanspruch gegenüber der Krankenkasse zu verrechnen. Zahlt der Versicherte trotz einer gesonderten schriftlichen Aufforderung durch den Leistungserbringer nicht, hat die Krankenkasse die Zahlung einzuziehen.

spricht man dann, wenn im Hilfsmittelbereich bei Festbetragsartikeln auf Wunsch des Patienten höherwertige Waren abgegeben werden, sodass ein Differenzbetrag zwischen Festbetrag und Abgabepreis des höherwertigen Produktes vorliegt. Die folgenden Ausführungen beschäftigen sich ausschließlich mit der gesetzlich durch § 33 Abs. 2 SGB V normierten Zuzahlung.

Es ist oben bereits darauf hingewiesen worden, dass § 43b SGB V unmittelbar nicht angewendet werden kann, weil diese Vorschrift eine Verrechnung zwischen Apothekenabgabepreis und einzubehaltender Zuzahlung vorsieht, während § 33 Abs. 2 SGB V festlegt, dass sich der Vergütungsanspruch von vornherein um den Zuzahlungsbetrag verringert. Entscheidend ist in diesem Zusammenhang aber nicht die technische Abwicklung des Zuzahlungseinzuges, sondern die Zielrichtung des Gesetzgebers. Zwar hat sich die Rechtsprechung zu der Problematik noch nicht abschließend geäußert, es kann aber kein Zweifel daran bestehen, dass das Instrumentarium der Zuzahlung nicht nur ein Finanzierungsinstrument für die Krankenkassen darstellt, sondern auch Steuerungswirkungen im Hinblick auf das Verhalten von Ärzten und Patienten besitzen soll. Dies ist in der bereits oben zitierten Entscheidung durch das Gericht besonders betont worden, wenn als Zweck der Zuzahlungsverordnung eine Verringerung der Ausgaben im Gesundheitswesen und das Auslösen eines arzneimittelreduzierten Verhaltens der Verbraucher in den Vordergrund gestellt wird. Schon daraus folgt, dass die Verpflichtung des Leistungserbringers – also auch des Apothekers – zur Einziehung der Zuzahlung unabhängig von der gesetzlichen Regel des § 43b SGB V eine vertragliche Nebenpflicht darstellt, die aus seiner Einbindung in die Gewährung von Sachleistungen auf der Grundlage bestehender Verträge unter Beachtung des Wirtschaftlichkeitsgebotes folgt.

Zusammenfassend ist also festzustellen, dass in allen Bereichen, in denen vom Versicherten eine Zuzahlung verlangt wird, diese vom Apotheker einzuziehen ist und die Nichtbeachtung dieses Gebotes, das heißt der gänzliche oder auch nur teilweise Verzicht auf die Zuzahlung, einen Verstoß gegen die jeweilige Berufsordnung der Landesapothekerkammer und zugleich auch einen Verstoß gegen § 1 UWG mit den daraus erwachsenden oben aufgezeigten Konsequenzen darstellt.

Abschließend noch eine kurze Anmerkung zu der in den vergangenen Jahren insbesondere bei der Abgabe von Hilfs- und Verbandmitteln außerhalb von Apotheken diskutierten Frage, wer Normadressat der Verpflichtung zur Einziehung der Zuzahlung ist. Der Gesetzgeber hat sich auch insoweit eindeutig geäußert, indem er den Terminus »abgebende Stelle« gewählt hat und nicht etwa allein die Apotheke in den Gesetzestext aufgenommen wurde. Selbstverständlich gehören auch Sanitätshäuser und andere »abgebende Stellen« zu dem Kreis derjenigen Normadressaten, die die gesetzliche Verpflichtung unbedingt zu beachten haben. Gestützt wird dieses Ergebnis durch § 43b SGB V, wonach alle Leistungserbringer bei der Abgabe von Verbandmitteln verpflichtet sind, die Zuzahlungen einzuziehen und mit dem Vergütungsanspruch gegenüber der Krankenkasse zu verrechnen. Lediglich für den Bereich der Arzneimittel stellt sich die Frage der Zuzahlungspflicht bei einer Abgabe außerhalb der Apotheke nicht, weil verschriebene Arzneimittel nur in Apotheken abgegeben werden dürfen und bei der Lieferung von Sprechstundenbedarf durch dritte Stellen unmittelbar an Ärzte keine Zuzahlungspflicht besteht.

Kundenkarten und Rabattgewährung

Kundenkarten haben sich zu einem häufig verwendeten Marketingmittel der Apotheken entwickelt. In Verbindung mit Kundenkarten werden dabei regelmäßig dem Inhaber der Karte besondere Vorteile versprochen. Auf die rechtliche Bewertung einiger dieser Angebote ist bereits im Beitrag »Richtig werben mit der Kundenkarte«, S. 11, eingegangen worden. In diesem Beitrag werden die rechtlichen Grenzen der Gewährung von Rabatten in Verbindung mit der Ausgabe von Kundenkarten dargestellt.

Das »klassische« Beispiel für eine Rabattgewährung in Verbindung mit dem Einsatz einer Kundenkarte besteht darin, dass den Kunden, die Inhaber einer Kundenkarte sind, ein Rabatt in Höhe von drei Prozent auf nichtapothekenpflichtige Arzneimittel und/oder apothekenübliche Waren, die keine Arzneimittel sind, in Aussicht gestellt oder gewährt wird. Eine derartige Rabattgewährung kann, muss aber nicht rechtlich zulässig sein; entscheidend sind die weiteren Umstände der Rabattgewährung.

Die Zulässigkeit einer Rabattgewährung setzt zunächst voraus, dass der jeweilige Abgabepreis nicht zwingend durch Gesetz oder Rechtsverordnung vorgegeben ist. Hieraus folgt, dass bei apothekenpflichtigen Arzneimitteln, die der Arzneimittelpreisverordnung unterliegen, kein Rabatt gewährt werden darf. Die Beschränkung einer Rabattgewährung auf nichtapothekenpflichtige Arzneimittel oder Waren des Nebensortiments ist deshalb zwingende Voraussetzung für die Zulässigkeit eines Rabattangebotes. Aus diesem Grund darf in dem vorstehenden Beispiel nicht auf den Hinweis verzichtet werden, dass sich die mit der Kundenkarte verbundene Rabattgewährung ausschließlich auf nicht-apothekenpflichtige Arzneimittel oder apothekenübliche Waren bezieht.

Eine weitere, zwingend zu beachtende Beschränkung ergibt sich hinsichtlich der Höhe des Rabattes. Jede Rabattgewährung gegenüber Endverbrauchern unterliegt den Bestimmungen des Rabattgesetzes. Nach § 2 des Rabattgesetzes darf ein Preisnachlass für Barzahlung den Betrag von drei Prozent des regulären Abgabepreises nicht überschreiten. Eine Rabattgewährung gegenüber Apothekenkunden, die über drei Prozent hinausreicht, ist daher ebenfalls unzulässig.

Während die Einhaltung der Kriterien der Beschränkung des Warensortiments, auf dessen Preise Rabatt gewährt wird, und der Höhe des Rabattes eindeutig zu bewerten sind, knüpft die Rechtsprechung an die Zulässigkeit von Rabattgewährungen im Zusammenhang mit Kundenkarten weitere Voraussetzungen, deren Auswirkungen weniger eindeutig sind. Der Bundesgerichtshof hält einen Barzahlungsrabatt nur unter der Voraussetzung für zulässig, dass der Barzahlungsrabatt allen Kunden gleichmäßig gewährt wird, so die ständige Rechtsprechung des Bundesgerichtshofs (soweit ersichtlich zuletzt mit Urteil vom 29. September 1994). Danach ist eine Rabattgewährung an Apothekenkunden, die an eine Kundenkarte geknüpft ist, jedenfalls dann unzulässig, wenn die Kundenkarte nur ausgewählten (»besseren«) Apothekenkunden überlassen und die Abgabe der Kundenkarte an sonstige Kunden verweigert wird.

Die Rechtsprechung beschränkt die Fälle einer unzulässigen Differenzierung zwischen einer privilegierten Kundengruppe (mit Kundenkarte und mit Rabattgewährung) und einer nicht privilegierten Kundengruppe (ohne Kundenkarte und ohne Rabattgewährung) jedoch nicht auf diesen eindeutigen Fall der Verweigerung der Abgabe von Kundenkarten an bestimmte Kunden. Eine unzulässige Bevorzugung einer einzelnen Kundengruppe liegt vielmehr auch vor, wenn die Ausgabe der Kundenkarte an Bedingungen geknüpft wird, die den Erwerb oder die Vorlage der Karte als belastend oder als nicht ohne weiteres zumutbar erscheinen lassen. Solche belastenden Momente können sich insbesondere aus den Anforderungen ergeben, die an die Ausgabe von Kundenkarten geknüpft werden. Wenn die Kundenkarte nur nach Ausfüllen eines umfangreichen Fragebogens ausgehändigt wird, wird dies im Sinne der Rechtsprechung als eine nicht zumutbare Belastung zu bewerten sein. Das gleiche gilt, wenn ein entsprechendes Antragsformular zu der Kundenkarte zwar kurz gefasst ist, aber Einzelangaben enthält, deren Mitteilung für den Kunden unzumutbar sein können. Zu solchen Einzelangaben muss man Fragen zur Krankenkassenzugehörigkeit, zu bestehenden Erkrankungen oder vergleichbare Angaben zählen, an deren Geheimhaltung ein Interesse des Kunden bestehen kann. Wenn der Erhalt der Kundenkarte nur unter diesen erschwerten Bedingungen möglich ist, ist deshalb eine Rabattgewährung, die nur gegenüber den Inhabern der Kundenkarte erfolgt, rechtswidrig.

Ob auch bereits die bloße Notwendigkeit des Ausfüllens einer Anforderungskarte für die Kundenkarte mit Name und Anschrift oder die zeitlichen Verzögerungen, die für »Laufkunden« beim Ausfüllen eines Antragsformulars entstehen, eine unzumutbare Belastung darstellen, ist von der Rechtsprechung bisher nicht entschieden.

Zusammenfassend sind bei der Abgabe von Kundenkarten, die im Zusammenhang mit einem Rabattangebot ausgegeben werden, folgende Mindestvoraussetzungen zu beachten, damit das Rabattangebot oder die Rabattgewährung nicht unzulässig sind:

- Das Rabattangebot darf sich nicht auf apothekenpflichtige Arzneimittel beziehen.
- Das Rabattangebot darf die Höhe von drei Prozent nicht übersteigen.
- Die Kundenkarte darf nicht einzelnen, ausgewählten Kundengruppen vorbehalten werden.
- Der Erhalt der Karte muss für den Kunden problemlos möglich sein; die Notwendigkeit des Ausfüllens komplizierter Antragsformulare oder der Mitteilung schutzwürdiger persönlicher Daten führt zur Unzulässigkeit der Rabattgewährung per Kundenkarte.

Gutscheine, Treueprämien und Treuerabatte

Die Hingabe von Gutscheinen und die Gewährung von Prämien oder Rabatten für die langjährige treue Kundschaft kann einen Anreiz zum Besuch der Apotheke darstellen. Der Apotheker muss hierbei jedoch nicht nur die allgemeinen Vorschriften des Wettbewerbsrechts, sondern auch das Heilmittelwerbegesetz beachten.

Beispiel: Apotheker X möchte einen Anreiz für potentielle Kunden schaffen, seine Apotheke zu betreten. Dafür lässt er einen Werbefolder drucken. Eine Ecke des Folders ist abtrennbar. Sie enthält den Aufdruck: »Gutschein: Diesen Gutschein können Sie in Ihrer Apotheke X gegen eine Probepackung - »Haarshampoo xyz, beendet das Problem des Haarausfalls« – einlösen.«

Für den Fall des § 11 Nr. 14 Heilmittelwerbegesetz (HWG) bedeutet dies (siehe Kasten), dass die Hingabe von Gutscheinen, die auf eine kostenlose Abgabe von Arzneimitteln oder Arzneimittelproben zielen, und soweit die Aushändigung des Musters oder der Probe von der Vorlage des Gutscheins abhängig gemacht wird, immer verboten ist. Hierbei kommt es nicht auf die Bezeichnung als Gutschein an. Gleichermaßen gilt das Verbot auch für Wertbons, Coupons oder ähnliche Bezeichnungen, wenn diese

§ 2 RabattG

»Außerhalb der Fachkreise darf für Arzneimittel, Verfahren, Behandlungen, Gegenstände oder andere Mittel nicht geworben werden

● durch die nicht verlangte Abgabe von Mustern oder Proben von Arzneimitteln oder durch Gutscheine dafür.« (Nr. 14)

● »durch die nicht verlangte Abgabe von Mustern oder Proben von anderen Mitteln oder Gegenständen oder durch Gutscheine dafür.« (Nr. 15)

»Der Preisnachlaß für Barzahlung darf drei vom Hundert des Preises der Ware oder der Leistung nicht überschreiten. Er darf nur gewährt werden, wenn die Gegenleistung unverzüglich nach der Lieferung der Ware oder der Bewirkung der gewerblichen Leistung durch Barzahlung oder in einer der Barzahlung gleichkommenden Weise, insbesondere durch Hingabe eines Schecks oder durch Überweisung erfolgt.«

§ 4 Abs. 1 RabattG

»Wer einen Barzahlungsnachlaß gewährt, muß den Nachlaßbetrag sofort vom Preis abziehen oder Gutscheine ausgeben, die in bar einzulösen sind. Der Umsatz an Waren oder Leistungen, von dem die Einlösung der Gutscheine abhängig gemacht wird, darf auf keinen höheren Betrag als 50 DM festgesetzt werden.«

§ 1 ZugabeVO

»Es ist verboten, im geschäftlichen Verkehr neben einer Ware oder einer Leistung eine Zugabe anzubieten, anzukündigen oder zu gewähren. Diese Vorschrift gilt« – neben einer Reihe weiterer Ausnahmen – unter anderem »dann nicht, wenn lediglich Reklamegegenstände von geringem Wert ... oder geringwertige Kleinigkeiten gewährt werden« (Abs. 2a).

für das Publikum die gleiche Bedeutung wie Gutscheine haben.

Darüber hinaus betrifft nach § 11 Nr. 15 HWG das Verbot aber auch die Fälle, in denen Gutscheine für Muster und Proben von anderen Mitteln oder Gegenständen hingegeben werden. Mittel sind nach § 1 Abs. 2 HWG »kosmetische Mittel i.S.v. § 4 Lebensmittelbedarfsgegenstegesetzes« (LMBG), das heißt »Stoffe oder Zubereitungen aus Stoffen, die dazu bestimmt sind, äußerlich am Menschen oder in seiner Mundhöhle zur Reinigung, Pflege oder zur Beeinflussung des Aussehens oder des Körpergeruchs oder zur Vermittlung von Geruchseindrücken angewendet zu werden ...«.

Nicht hierzu gehören jedoch Stoffe, die zur Beeinflussung von Körpergewicht bestimmt sind. Gegenstände im Sinne des Gesetzes zeichnen sich insbesondere dadurch aus, dass sie nicht zum Ver-, sondern lediglich zum Gebrauch bestimmt sind, wie zum Beispiel eine Reihe von Medizinprodukten. Voraussetzung ist für beide Gruppen darüber hinaus, dass der Anwendungsbereich des Heilmittelwerbegesetzes betroffen ist. Dies ist dann der Fall, wenn sich die Werbeaussage auf die Erkennung, Beseitigung oder Linderung von Krankheiten, Leiden, Körperschäden oder krankhaften Beschwerden bei Mensch oder Tier bezieht. Ist die Werbeaussage nicht in diesem Sinne gesundheits- oder krankheitsbezogen, steht sie nicht vor den besonderen Schranken des Heilmittelwerbegesetzes. Für den oben genannten Beispielsfall bedeutet dies, dass die Hingabe eines solchen Gutscheins gegen § 11 Nr. 15 HWG verstößt, da dem Haarshampoo xyz gesundheitliche Wirkungen hinsichtlich der Linderung von Haarausfall zugemessen wird. Zulässig wäre die Vergabe der Gutscheine hingegen, wenn ausschließlich für die dekorative Wirkung des Haarmittels geworben würde.

Nicht anwendbar sind diese Normen, wenn der Gutschein den Besitzer lediglich zum Bezug des angebotenen Mittels zu den für dieses Mittel geltenden Geschäftsbedingungen, das heißt insbesondere zu dem geltenden Kaufpreis berechtigt. Dann liegt begrifflich schon kein Gutschein, sondern vielmehr ein Anforderungs- oder Bestellschein vor. Diese Bezeichnung verstößt allerdings in der Regel unter dem Aspekt der »Irreführung« gegen § 1 des Gesetztes gegen den unlauteren Wettbewerb (UWG) und ist wettbewerbswidrig, da dem Kunden suggeriert wird, er würde einen kostenlosen Anspruch auf ein Produkt haben.

Ein ganz anderer Fall ist ferner gemeint, wenn mit der Ausgabe von Geschenkgutscheinen geworben wird, zum Beispiel mit dem Inhalt: »Verschenken Sie einen Geschenkgutschein im Wert von 50 DM für einen Einkauf in Ihrer Apotheke.«. Es handelt sich hierbei nicht um Gutscheine im oben dargestellten Sinn, sondern vielmehr um Wertschecks. Diese zu verkaufen ist rechtlich unbedenklich.

Sofern der Apotheker Gutscheine für das nicht krankheitsbezogene Nebensortiment ausgibt, gelten die allgemeinen Vorschriften des Wettbewerbsrechts. Wenn der Gutschein einen Barzahlungsnachlass gewährt, ist das Rabattgesetz (RabattG) einschlägig, wenn der Gutschein sich auf das Anrecht auf eine Ware bezieht, kommt es auf die Zugabeverordnung (Zugabe-VO) an. Auf beide Konstellationen bezieht sich der nachfolgende Fall.

Treuerabatte und Treueprämien

Beispiel: Apotheker Y möchte gerne die langjährige Treue einiger Kunden belohnen. Er kündigt an, dass gesammelte Kassenzettel den Kunden zu Vergünstigungen berechtigen. Wenn ein Kunde mehrfach Produkte aus dem Freiverkauf bei ihm eingekauft und über 100 DM ausgegeben hat, soll er entweder einen Rabatt in Höhe von fünf Prozent, eine Gutschrift in Höhe von 5 DM oder das Kosmetikset für treue Kunden im Wert von 12 DM erhalten.

Zuvorderst ist darauf hinzuweisen, dass aufgrund der Arzneimittelpreisverordnung Rabatte für apothekenpflichtige Arzneimittel oder Zugaben von apothekenpflichtigen Arzneimitteln nicht in Betracht kommen. Für die freiverkäuflichen Produkte gelten §§ 2 und 4 RabattG (siehe Kasten).

Aus diesen Normen ergibt sich, dass das Vorgehen des Apothekers Y in mehrfacher Weise wettbewerbswidrig wäre. Er darf zum einen keinen höheren Rabatt als drei Prozent gewähren. Darüber hinaus darf er den als Voraussetzung für die Einlösung bestimmten Umsatz lediglich auf 50 DM festsetzen. Zweck dieser Regelung ist, dass das Risiko des Kunden auf ledig-

> **§ 11 HWG**
>
> »Außerhalb der Fachkreise darf für Arzneimittel, Verfahren, Behandlungen, Gegenstände oder andere Mittel nicht geworben werden
> - durch die nicht verlangte Abgabe von Mustern oder Proben von Arzneimitteln oder durch Gutscheine dafür.« (Nr. 14)
> - »durch die nicht verlangte Abgabe von Mustern oder Proben von anderen Mitteln oder Gegenständen oder durch Gutscheine dafür.« (Nr. 15)

lich 1,50 DM begrenzt wird und keine übermäßige Bindung des Verbraucher an den Händler eintritt. Insofern ist auch das Versprechen der Auszahlung von 5 DM wettbewerbswidrig, wenn die Auszahlung bei Ansparung eines Betrages von 150 DM oder weniger verlangt wird. Zulässig ist die Aufforderung zum Sammeln von Kassenzetteln, da diese – ebenso wie Sparmarken und Zahlungsabschnitte – Geldgutscheine sind. Über die zitierten §§ 2 und 4 Rabattgesetz (RabattG) hinaus darf der Apotheker keine Treuevergütung gewähren.

Insbesondere ist für ihn auch nicht § 13 Durchführungsverordnung zum RabattG anwendbar, wonach »bei Markenwaren der Hersteller eine Vergütung dadurch gewähren kann, dass er der Ware einen Gutschein beipackt und gegen eine bestimmte Zahl gesammelter Gutscheine einen Barbetrag auszahlt«, da der Apotheker Händler und nicht Hersteller der Ware ist.

Für den Beispielsfall bedeutet dies, dass es hinsichtlich der Zulässigkeit der Zugabe des Kosmetiksets für treue Kunden auf dessen Wert ankommt. Richtschnur hierbei ist, dass es sich um Gegenstände handeln muss, die von niemandem, auch nicht von Käufern, die nur über geringe Mittel verfügen, wirtschaftlich sonderlich geachtet werden. Hierzu können keine abstrakten Werte genannt werden, da es nach der Rechtsprechung auf die Wertschätzung des Kunden ankommt.

Hinzuweisen ist für den Bereich der Zugaben zuletzt noch darauf, dass die einzelnen Berufsordnungen der Apothekerkammern weitere Zugabeverbote enthalten können.

Verschleierte Preisnachlässe,
»Alt gegen Neu«

Der Tausch, eine zwischenzeitlich etwas aus der Mode gekommene uralte Form des Handeltreibens wird von einzelnen Apotheken offensichtlich neu entdeckt. So findet man Werbeinserate wie diese: »Wir nehmen beim Kauf von Gerät XY Ihr altes Blutzuckermessgerät für 40 DM in Zahlung«; oder »Nur 19,95 DM für das Modell YZ im Tausch gegen Ihr altes Blutzuckermessgerät«. XY und YZ kosten laut Listenpreis weit über 100 DM.

Bei allem Verständnis für das immer härter werdende Geschäft, gerade auch bei Produkten, mit denen man in Konkurrenz zu anderen Vertriebskanälen außerhalb der Apotheke steht, bei solchen Inzahlungnahme-Aktionen ist Vorsicht geboten. Verstöße gegen das Rabattgesetz, das Gesetz gegen den unlauteren Wettbewerb (UWG) und nicht zuletzt gegen die Berufsordnung sind schnell begangen. Dies bestätigen erneut jüngst ergangene Entscheidungen des Landesgerichts Coburg vom 5. November 1998 (Az: 1 HKO 60/98) und des Oberlandesgerichts Bamberg vom 16. Juni 1999 (Az: 3 U 263/98).

Der Rabatt wird im Rabattgesetz als Preisnachlass, der im geschäftlichen Verkehr bei Waren des täglichen Bedarfs letzten Verbrauchern gewährt wird, definiert. Das Rabattgesetz unterscheidet zwischen verschiedenen Rabattformen, wobei hier der so genannte Barzahlungsrabatt in Höhe von drei Prozent (»Skonto«) von Bedeutung ist.

Das Rabattgesetz verbietet nicht, den Kaufpreis durch Sachleistungen zu tilgen. Daher darf beim Verkauf eines neuen Gegenstandes ein alter Gegenstand in Zahlung genommen werden. Sofern der Unternehmer beim Verkauf einer Ware einen gebrauchten Artikel in Zahlung nimmt, ist dieses Verhalten zulässig, solange er für den in Zahlung genommenen Artikel den individuellen, nach Funktionstüchtigkeit, Alter und Erhaltungszustand ermittelten handelsüblichen Marktwert der Preisherabsetzung zu Grunde legt. In diesem Fall erbringt der Käufer einen Teil des Kaufpreises nicht in bar, sondern in Form einer Sachleistung. Unzulässig wird die Inzahlungnahme durch den Unternehmer jedoch dann, wenn er den Preis für den Inzahlung gegebenen Artikel bewusst zu hoch ansetzt, um einen Rabatt zu verschleiern. Wird also die Sachleistung zu hoch bewertet, so liegt darin ein verschleierter Preisnachlass, der dem Käufer vom Barpreis des neuen Gegenstandes gewährt wird (BGH GR 60, 558, 562).

Bei der Bestimmung eines kaufmännisch angemessenen Preises ist vom handelsüblichen Verkehrswert der in Zahlung genommenen Sache auszugehen. Die Differenz zwischen dem wirklichen Wert und dem willkürlich erhöhten Anrechnungspreis stellt den vom Normalpreis gewährten Preisnachlass dar. Dieser darf drei

Prozent des bar bezahlten Betrages nicht übersteigen.

Unter Würdigung vorstehender Gesichtspunkte kollidieren beide oben genannten Tauschaktionen unter anderem mit dem Rabattgesetz.

Die Verletzungshandlung besteht darin, dass die Offerten zu Zwecken des Wettbewerbs einen verschleierten Preisnachlass für Barzahlung ankündigen, der die Höchstgrenze von drei Prozent Skonto zu überschreiten in der Lage ist. Dieser verschleierte Rabatt wird dadurch offenbar, dass bei Verkauf der neuen Blutzuckermessgeräte ältere Blutzuckermessgeräte undifferenziert in Zahlung genommen werden, die jedoch im Einzelfall zu hoch bewertet werden könnten (OLG Bamberg a.a.O.).

Aus wirtschaftlicher Sicht kommt eine solche Überbewertung im Einzelfall einem Preisnachlass gleich. Die Angebote differenzieren nicht zwischen den verschiedenen Typen von gebrauchten Blutzuckermessgeräten. Pauschal gefasste Ankündigungen wie »Sie erhalten 40 DM für Ihr altes Blutzuckermessgerät« oder »Kaufpreis nur 19,95 DM im Tausch gegen Ihr altes Gerät« umfassen sowohl noch intakte Blutzuckermessgeräte als auch etwa defekte Altgeräte, die praktisch völlig wertlos sind. Eine Schätzung des konkreten Gerätes zur Feststellung des reellen Wertes im Einzelfall findet gar nicht statt und ist im Zweifel auch nicht vorgesehen. Insoweit ist nämlich zu beachten, dass kein Markt für gebrauchte Geräte besteht. Hier wird allenfalls ein künstlicher Markt geschaffen, der aber allein der Absatzförderung für die neuen Geräte dient.

Vielmehr steht zu vermuten, dass diese Form der Inzahlungnahme lediglich dazu dient, sich das wirtschaftlich lukrativere Folgegeschäft, nämlich den Verkauf der Blutzucker-Teststreifen, zu sichern.

Der Verstoß gegen die guten Sitten gemäß § 1 UWG ist unter dem Gesichtspunkt eines übertriebenen Anlockens zu betrachten. Die in den einschlägigen Anzeigen feilgebotenen neuen Blutzuckermessgeräte kosten laut Listenpreis regelmäßig deutlich mehr als 100 DM. Kalkulationen, die ohne Rücksicht auf den tatsächlichen Wert des Tauschgerätes stets zu einem Verkaufspreis von 19,95 DM oder zu einem Anrechnungsbetrag von 40 DM gelangen, sind geeignet, einen nicht unerheblichen Teil der damit angesprochenen Verbraucher zum Kauf eines Blutzuckermessgerätes in den solchermaßen werbenden Apotheken zu veranlassen. Zwar mag es allgemein noch zulässig sein, die Aufmerksamkeit des Publikums dadurch auf das eigene Angebot zu richten, dass man mit Mitteln, die sich nicht auf die Preiswürdigkeit und Qualität der Waren beziehen, Anreizeffekte schafft, die den Kunden veranlassen, in unmittelbaren Kontakt zum Werbenden zu treten. Im Rahmen einer Gesamtwürdigung des Einzelfalls nach Anlass, Zweck und Wert der Zuwendung ist die Grenze wettbewerbswidrigen Verhaltens aber dort erreicht, wo – wie hier – ein Übermaß solcher Vorteile gewährt wird, welche ihrem Wert und ihrer Art nach geeignet sind, die Entschließungsfreiheit des Kunden in einem derartigen Maß unsachlich zu beeinflussen, dass er seine Entscheidung nicht mehr nach dem Leitbild des Leistungswettbewerbs im Hinblick auf die Preiswürdigkeit und Qualität der Ware, sondern im Hinblick auf den ihm in Aussicht gestellten Vorteil trifft (LG Coburg a.a.O.).

Ein nicht unerheblicher Teil der Kunden, die ein altes oder defektes Gerät besitzen, wird allein deshalb zur Apotheke kommen, um die ausgelobten 40 DM als Anrechnung auf den Preis des neuen Blutzuckermessgerätes zu erhalten.

Liegt bei der anderen Fallgestaltung der übliche Marktpreis mehrere Hundert Prozent über dem Sonderangebot von 19,95 DM, wird auf diese Weise schon im Vorfeld des Geschäftsabschlusses von einer sachgerechten Prüfung der verschiedenen Konkurrenzangebote nach Qualität und Preiswürdigkeit abgelenkt, wodurch sich der Wettbewerb zum Nachteil der Mitbewerber verfälscht, welche in unzumutbarer Weise um die Chance gebracht werden, ihrerseits das Publikum wirksam anzusprechen. Die dadurch verdrängten Mitbewerber werden deshalb zur Nachahmung genötigt, was zur Übersteigerung des Werbeverhaltens und damit zu Verwilderung der Wettbewerbssitten führen würde.

Gerade letzterer Gesichtspunkt findet seinen spezifischen Niederschlag in den Berufsordnungen der Landesapothekerkammern. Auch dort wird einer Werbung, die irreführend oder nach Form, Inhalt oder Häufigkeit übertrieben oder unangemessen wirkt, eine klare Absage erteilt.

Richtige Preisauszeichnung

»Sehr geehrte Damen und Herren Apothekeninhaber, stichprobenweise Kontrollen in einigen Apotheken unseres Landkreises haben eine überwiegend mangelhafte Preisauszeichnung offenbart. Ab Mitte November d.J. werden unsere Außendienstkontrolleure systematisch alle Apotheken auf Einhaltung der Vorschriften der Preisangabenverordnung (PAngV) überprüfen. Bitte stellen Sie die Mängel in der Preisauszeichnung bis dahin ab.«

Dieses authentische Schreiben einer Kreisverwaltung könnte so oder ähnlich auch Ihnen demnächst von Ihrer örtlich zuständigen Behörde ins Haus flattern. Da auch von unangemeldeten Kontrollen berichtet wird, sollte man sich einmal die Zeit zu einem Kurz-Check der betriebsinternen Preisauszeichnung nehmen.

Allgemeines

Wirtschaft und Verbraucher sind täglich mit dem Preisangabenrecht konfrontiert. Jedem Warenkauf und der Inanspruchnahme jeder Dienstleistung des täglichen Bedarfs geht eine Preisinformation voraus. Vom Warenkauf im Supermarkt bis zur Urlaubsreise und Inanspruchnahme eines Bankkredits benötigt der Verbraucher vor seiner Entscheidung zunächst einmal Preistransparenz.

Klare Preisauszeichnung dient sowohl dem Verbraucherschutz wie dem Wettbewerb. Nur der informierte Verbraucher kann Preise vergleichen und aus dem großen Angebot die für ihn richtige Auswahl treffen.

Der Markt allein ist kein Garant für korrekte Preisauszeichnung. Sicherlich hat auch der Anbieter ein Eigeninteresse an Preisauszeichnung, wenn er mit günstigen Preisen wirbt. Je höher jedoch das eigene Preisniveau im Vergleich zu dem anderen Anbieter ist, desto geringer wird das Interesse an Preistransparenz und desto größer die Versuchung, Preise zu verschleiern oder sie günstiger erscheinen zu lassen als sie in Wahrheit sind.

Preisauszeichnung in Deutschland

Korrekte Preisauszeichnung wird daher seit Jahrzehnten durch verschiedene Preisauszeichnungsverordnungen und derzeit durch die Preisangabenverordnung von 1985 vorgeschrieben. Gerade im täglichen Massengeschäft ermöglicht erst deutliche Preisauszeichnung dem Verbraucher eine schnelle und zuverlässige Information über das günstigste Angebot. Funktionierender Preiswettbewerb hat auch eine wichtige gesamtwirtschaftliche Funktion. Er trägt zur Stabilisierung des Preisniveaus bei und damit auch zum Wirtschaftswachstum und zur Wettbewerbsfähigkeit der Wirtschaft.

Die Grundvorschriften des Preisangabenrechts enthält § 1 Abs. 1 PAngV:

● Eine Preisangabenpflicht besteht bei Angeboten von Waren und Leistungen sowie der Werbung unter Angabe von Preisen (§ 1 Abs. 1).

- Die Pflicht besteht nur gegenüber dem Letztverbraucher, nicht innerhalb des Handels bei Abgabe an Wiederverkäufer.
- Anzugeben sind Endpreise, das heißt die Preise einschließlich Umsatzsteuer und sonstiger Preisbestandteile.
- Je nach Verkehrsauffassung sind auch Verkaufs- oder Leistungseinheit und die Gütebezeichnung anzugeben, auf die sich die Preise beziehen.
- Die Preisangaben müssen der allgemeinen Verkehrsauffassung und den Grundsätzen der Preisklarheit und Preiswahrheit entsprechen (§ 1 Abs. 6). Preisklarheit und Preiswahrheit gehören zu den Grundtatbeständen,

die sich ebenso im Wettbewerbsrecht finden (insbesondere im UWG).

Ahndung von Verstößen

Der vorsätzliche oder fahrlässige Verstoß gegen die Preisangabenverordnung wird als Ordnungswidrigkeit im Sinne des § 3 Abs. 1 Nr. 2 des Wirtschaftsstrafgesetzes geahndet. Geldbußen bis zu 50 000 DM können verhängt werden. Neben der Überwachung durch die Preisbehörden der Länder haben auch Konkurrenten die Möglichkeit, Verstöße gegen die Preisverordnung unter bestimmten Voraussetzungen nach allgemeinem Wettbewerbsrecht zu verfolgen.

Preisangabenverordnung

§ 1 Grundvorschriften

(1) Wer Letztverbrauchern gewerbs- oder geschäftsmäßig oder regelmäßig in sonstiger Weise Waren oder Leistungen anbietet oder als Anbieter von Waren oder Leistungen gegenüber Letztverbrauchern unter Angabe von Preisen wirbt, hat die Preise anzugeben, die einschließlich der Umsatzsteuer und sonstiger Preisbestandteile unabhängig von einer Rabattgewährung zu zahlen sind (Endpreise). Soweit es der allgemeinen Verkehrsauffassung entspricht, sind auch die Verkaufs- oder Leistungseinheit und die Gütebezeichnung anzugeben, auf die sich die Preise beziehen. Auf die Bereitschaft, über den angegebenen Preis zu verhandeln, kann hingewiesen werden, soweit es der allgemeinen Verkehrsauffassung

entspricht und Rechtsvorschriften nicht entgegenstehen.

(2) Bei Leistungen können, soweit es üblich ist, abweichend von Absatz 1 Satz 1 Stundensätze, Kilometersätze und andere Verrechnungssätze angegeben werden, die alle Leistungselemente einschließlich der anteiligen Umsatzsteuer enthalten. Die Materialkosten können in die Verrechnungssätze einbezogen werden ...

(6) Die Angaben nach dieser Verordnung müssen der allgemeinen Verkehrsauffassung und den Grundsätzen von Preisklarheit und Preiswahrheit entsprechen. Sie müssen dem Angebot oder der Werbung eindeutig zugeordnet, leicht erkennbar und deutlich lesbar oder sonst gut wahrnehmbar sein. Bei der Aufgliederung von Preisen sind die Endpreise hervorzuheben.

**Fallbeispiele
speziell für öffentliche Apotheken**

1. Ware in Schaufenstern: Diese ist ausnahmslos für die Kunden gut sichtbar und leicht zuordenbar mit Preisen auszuzeichnen (§§ 1 und 2 PAngV).
2. Ware, die im Selbstbedienungsbereich von Kunden selbst entnommen werden kann: Hier kommen zwei Varianten in Betracht. Entweder die sichtbare Preisauszeichnung mittels Preisschildern am Regal, welcher man zweifelsfrei die entsprechenden Artikel zuordnen können muss oder mittels Beschriftung der Ware selbst (§ 2 Abs. 1 PAngV).
3. Ware im Verkaufsraum, die nicht vom Kunden entnommen werden kann: Hierzu zählen insbesondere

Preisangabenverordnung

§ 2 Handel

(1) Waren, die in Schaufenstern, Schaukästen, innerhalb oder außerhalb des Verkaufsraumes auf Verkaufsständen oder in sonstiger Weise sichtbar ausgestellt werden, und Waren, die vom Verbraucher unmittelbar entnommen werden können, sind durch Preisschilder oder Beschriftung der Ware auszuzeichnen.
(2) Waren, die nicht unter den Voraussetzungen des Absatzes 1 im Verkaufsraum zum Verkauf bereitgehalten werden, sind entweder nach Absatz 1 auszuzeichnen oder dadurch, dass die Behältnisse oder Regale, in denen sich die Waren befinden, beschriftet werden oder dass Preisverzeichnisse angebracht oder zur Einsichtnahme aufgelegt werden ...

apothekenpflichtige Arzneimittel, soweit sie nicht übergeordneten Werbeverboten nach dem Heilmittelwerbegesetz (siehe 5.) unterliegen.

Je nach Präsentationsform ist nach einem Beschluss des Bayerischen Obersten Landesgerichtes vom 6. Februar 1973 zu differenzieren, ob die Ware »sichtbar ausgestellt« (§ 2 Abs. 1 PAngV) oder lediglich »sichtbar« ist.

Im ersten Fall muss dazu zum Zwecke der Werbung, zur Anregung der Kauflust eine »Ausstellung« stattfinden, das heißt ein besonderes »zur Schau stellen« in auffallender Form, die aus dem Rahmen einer für den Kunden im Verkaufsraum sichtbaren bloßen Lagerung und Aufbewahrung herausfällt. Diese Waren müssen mit Preisschildern, die der Kunde auch von seinem Standort vor dem Handverkaufstisch aus noch gut erkennen kann, versehen werden.

Dagegen sind als »zum Verkauf bereitgehaltene Waren« (§ 2 Abs. 2 PAngV) solche anzusehen, die in der Offizin in Regalen, Schränken, Schubladen oder in sonstiger Weise bereit gehalten werden, ohne dass sie durch einen dekorativen Aufbau oder eine sonstige zur Schau Stellung das Interesse des Publikums auf sich lenken. Dabei können diese Waren zum Beispiel in Regalen durchaus »sichtbar« sein. Hier gelten niedrigere Anforderungen an die Preisauszeichnung. Der Preis muss vom Kunden nicht schon dann erkannt werden können, wenn sich die Ware noch an ihrem Aufbewahrungsort befindet. Bei diesen Waren genügt es vielmehr, wenn der Preis bei näherer Betrachtung der Ware durch den Kunden, also wenn sie ihm vorgelegt wird, erkannt werden kann oder wenn Preisverzeichnisse zur Einsichtnahme aufgelegt werden.

4. Leistungen, die angeboten werden: Leistungen, wie zum Beispiel den Blutdruck messen, Bestimmung des Blutzucker- oder Cholesteringehaltes müssen entsprechend oben genannter Vorschrift auch mit dem jeweiligen Preis ausgewiesen werden (§ 3 PAngV).

5. Arzneimittel, die für den Kunden nicht sichtbar aufbewahrt werden und erst aufgrund ärztlicher Verordnung herausgegeben werden: Nach § 7 Abs. 1 Nr. 3 PAngV sind die Vorschriften der Verordnung nicht auf Waren anzuwenden, soweit für sie aufgrund von Rechtsvorschriften eine Werbung untersagt ist. Damit entfällt die Pflicht zur Preisauszeichnung für alle verschreibungspflichtigen Arzneimittel und für Arzneimittel, die dazu bestimmt sind, bei Menschen die Schlaflosigkeit zu beseitigen oder psychische Störungen oder die Stimmungslage zu beeinflussen (vgl. § 10 des Gesetzes über die Werbung auf dem Gebiet des Heilwesens, HWG). Solche Arzneimittel dürfen daher auch nicht »sichtbar ausgestellt« werden.

6. Arzneimittel zu Lasten der gesetzlichen Krankenkassen: Sobald Arzneimittel – jeglicher Art – zu Lasten der GKV verordnet werden, ist jedoch die Regelung des § 129 SGB V zu beachten, wonach die Apotheken bei diesen verordneten Arzneimitteln zur Angabe des Arzneimittelpreises auf der Arzneimittelpackung verpflichtet sind. Das Nähere hierzu regelt der Rahmenvertrag zwischen den Spitzenverbänden der gesetzlichen Krankenkassen und dem Deutschen Apothekerverband. Dieser sieht vor, dass der Apotheker den Preis auf der Arzneimittelpackung »grundsätzlich« angeben muss. Die Einfügung des Wortes »grundsätzlich« bedeutet, dass in begründeten Ausnahmefällen von der Verpflichtung des Gesetzes abgewichen werden kann. Dies gilt insbesondere in den Fällen, in denen die Zielsetzung der Preisangabe, nämlich ein erhöhtes Kostenbewusstsein der Versicherten herbeizuführen, auch auf andere Weise gewahrt bleibt, nämlich beispielsweise durch die Übergabe von Belegen an die Versicherten (so der Kommentar zu § 6 des Rahmenvertrages).

7. Sonderverkäufe: Pauschale Preisreduzierungen, zum Beispiel »alles

---

Preisangabenverordnung

§ 3 Leistungen

(1) Wer Leistungen anbietet, hat ein Preisverzeichnis mit den Preisen für seine wesentlichen Leistungen oder in den Fällen des § 1 Abs. 2 mit seinen Verrechnungssätzen aufzustellen. Dieses ist im Geschäftslokal oder am sonstigen Ort des Leistungsangebots und, sofern vorhanden, zusätzlich im Schaufenster oder Schaukasten anzubringen. Ort des Leistungsangebots ist auch die Bildschirmanzeige. Wird eine Leistung über Bildschirmanzeige erbracht und nach Einheiten berechnet, ist eine gesonderte Anzeige über den Preis der fortlaufenden Nutzung unentgeltlich anzubieten ...

50 Prozent günstiger«, ersetzen nicht die konkrete Preisauszeichnung an der Ware selbst. Einzelhändler müssen in jedem Fall den zu entrichtenden Endpreis an der Ware auszeichnen. Dies gilt nach einem Urteil des Bundesgerichtshofs (BGH) vom 25. Februar 1999 grundsätzlich auch bei Sonderveranstaltungen und Saisonschlussverkäufen. Der BGH sieht in seiner Entscheidung die Gefahr einer Wettbewerbsbeeinträchtigung, wenn entgegen der Preisangabenverordnung die Ware selbst nicht mit dem Endpreis versehen sei, sondern der Verbraucher zu dessen Ermittlung einen mehr oder weniger schwierigen Rechenvorgang durchführen müsse. Die Benachteiligung der Kunden sieht der BGH darin, dass diese nur schwerlich einen konkreten Preisvergleich vornehmen können.

8. Exkurs zum Euro: Es wird in manchen Kreisen für die Übergangszeit der Euro-Einführung eine »doppelte Preisauszeichnung« diskutiert. Eine gesetzliche Verpflichtung zur doppelten Preisauszeichnung gibt es jedoch nicht. Die Unternehmen informieren die Verbraucher auf freiwilliger Basis. Für den Fall der doppelten Preisauszeichnung gibt es eine Empfehlung der EU-Kommission zum »Standard des guten Verhaltens«. Sie beinhaltet:

● Der DM-Preis und der Euro-Preis müssen sich nach Umrechnung entsprechen; davon abweichende Angaben sind unzulässig.
● Bei Rundungen sind die gesetzlichen Rundungsvorschriften zu beachten; keine Rundung der Umrechnungsfaktoren.
● Die Doppelangabe muss, wenn vorhanden, eindeutig und gut lesbar sein.
● Die doppelte Betragsangabe auf Quittungen, Rechnungen und Kassenbons kann und muss sich generell wegen der Rundungsproblematik auf den Gesamtbetrag/Endbetrag beschränken.
● Bereitschaft zeigen, in der Übergangsphase auch Zahlungen in Euro (zur Zeit bargeldlos) in Empfang zu nehmen.

ARNULF KLEIN

Preisgegenüberstellungen

Neben der Qualität einer Ware ist deren Preis das maßgebliche Kriterium für die Entscheidung des Kunden, ob er kauft oder nicht kauft. So liegt es nahe, dass in unserer Wettbewerbswirtschaft dieses dominante Wettbewerbsmittel nachhaltig eingesetzt wird. Die öffentliche Bekanntmachung des Preises eines Angebotes liegt letztendlich auch im Interesse des informationsbedürftigen Verbrauchers.

Eine beliebte Form der Preiswerbung ist die Preisgegenüberstellung, die sowohl nach Rabattgesetz als auch nach dem allgemeinen Wettbewerbsrecht beurteilt werden muss.

Abgrenzung Preisnachlass – Preisherabsetzung

Das Rabattgesetz regelt die Zulässigkeit von Nachlässen auf Preise, die der Unternehmer ankündigt oder allgemein fordert. Sollen echte Preisnachlässe gewährt werden, müssen diese sich innerhalb der Schranken des Rabattgesetzes bewegen, dürfen also die drei Prozent Skonto-Grenze nicht überschreiten.

Bei der Werbung mit Preisgegenüberstellung soll jedoch in aller Regel kein Preisnachlass, also ein Abschlag auf den im übrigen verlangten Normalpreis angezeigt werden. Vielmehr soll die Preisgegenüberstellung zeigen, dass der Preis herabgesetzt wurde, der niedrigere Preis also nun den Normalpreis für die Ware darstellt. Preisgegenüberstellungen in diesem Sinne beurteilen sich allein nach allgemeinem Wettbewerbsrecht.

Beispiel

Ein Einzelhandelsunternehmen warb in einer Zeitungsanzeige für mehrere seiner Artikel mit Preisvergleichen, indem es den von ihm bislang verlangten höheren Preisen das Wort »statt« voransetzte und seine neuen, niedrigeren Preise folgen ließ (»statt [Preis] [Preis]«).

Die Werbung betraf überwiegend Markenwaren, zum Beispiel auch in Apotheken gängige Kosmetika. Der Bundesgerichtshof (Az.: 1ZR 10/78) hielt diese Werbeanzeige für irreführend im Sinne von § 3 UWG.

Wer seine Preise herabsetzen und den Kunden über das Ausmaß der Preisreduktion durch eine Gegenüberstellung des alten und des neuen Preises unterrichten möchte, kann, wie der simple Fall belegt, schnell in Fußangeln treten.

Preisgegenüberstellungen unterliegen dem Täuschungsverbot. Eine Irreführung der angesprochenen Verkehrskreise darf nicht stattfinden. Hierbei ist darauf abzustellen, wie ein durchschnittlich informierter, aufmerksamer und verständiger Durchschnittsverbraucher diese Angabe wahrscheinlich auffassen wird.

Unproblematisch und im Einzelhandel üblich ist es, auf den Preisschildern den alten Preis durchzustreichen und durch den neuen niedrigeren Preis zu ersetzen. Das ist, wenn der durchgestrichene Preis eine angemessene Zeitlang ernsthaft verlangt worden ist, nicht irreführend, da der durchgestrichene Preis nur der eigene frühere Preis sein kann.

Es kann aber auch der alte Preis als gegenstandslos gekennzeichnet neben dem neuen Normalpreis stehen (»Früher 20 DM, jetzt 15 DM«).

Anders liegt es bei einer »Statt - Preis - Werbung«. Bei ihr könne, so der BGH, ein nicht unerheblicher Teil der Verbraucher den in einer Werbeanzeige als nicht mehr gültig bezeichneten Preis nicht für den früheren eigenen Preis des Werbenden halten, sondern für einen vom Hersteller empfohlenen Preis, einen in der Branche durchschnittlich verlangten Preis oder – wenn es einen geben sollte – den allgemeinen Marktpreis.

Aus diesem Grunde muss ein Einzelhändler in solchen Werbeanzeigen klarstellen, dass es sich bei den früheren Preisen um eigene, nicht mehr gültige Preise handelt, jedenfalls dann, wenn sich die Werbung ganz oder überwiegend auf Waren bezieht, die Markenwaren sind oder sein können. Letzteres dürfte in Apotheken regelmäßig der Fall sein.

Gestattet ist darüber hinaus, bei Preisankündigungen wahrheitsgemäß auf einen unverbindlich empfohlenen Preis des Herstellers von Markenwaren Bezug zu nehmen, um das eigene Angebot als preisgünstig herauszustellen (»20 Prozent unter dem unverbindlich empfohlenen Preis«) Mehrdeutig und deshalb irreführend ist jedoch die Bezugnahme auf einen »Listen«-, »Katalog«, »Brutto«-, »Original«-, »Circa«-, »Normal«-, »mittleren« oder »regulären« Preis. All diese Bezeichnungen lassen nicht hinreichend erkennen, auf welchen Preis bei der Gegenüberstellung konkret abgehoben wird.

Weitere Beispiele für unzulässige Preisgegenüberstellungen mögen, ohne Gewähr auf Vollständigkeit, stichwortartig genannt sein:

- Der alte Anfangspreis darf nicht bewusst überhöht angesetzt worden sein, um eine echte Preisherabsetzung vorzutäuschen und ein attraktives Werbemittel zu haben.
- Der alte höhere Preis wurde nicht eine angemessene Zeitlang für die Ware ernsthaft verlangt.
- Wird der Preis einer Ware, ohne dass dafür ein sachlicher Grund besteht, willkürlich kurzfristig herab- und wieder heraufgesetzt, so ist ein solches Schaukeln mit dem Preis geeignet, den Verbraucher, wenn nicht irre zu führen, so doch über den tatsächlich maßgebenden Preis zu verunsichern. Das ist wettbewerbswidrig.
- Die Nennung eines wahrheitsgemäßen Höchstsatzes der Verbilligung von Waren (»Reduzierung bis zu 20 Prozent«) ist nicht erlaubt, sofern nur ein vernachlässigbar geringer Anteil der Produkte soweit herabgesetzt ist.
- Eine Preisreduzierung, die auf eine unmittelbar vorangegangene Reduzierung hindeutet (»Jetzt«, »Ab so-

fort«), ist irreführend, wenn die Reduzierung schon längere Zeit zurück liegt.

- Der neue Preis muss für die gleiche, bisher angebotene Ware gelten. Die Ware ist in diesem Sinne nicht die gleiche, wenn sie nicht mehr den selben Wert hat, beschädigt oder fehlerhaft ist, oder zum Auslaufmodell geworden ist.
- Die Gegenüberstellung von Einzelpreisen und Set-Preisen ist nur erlaubt, wenn die wesentlich höheren Einzelpreise tatsächlich verlangt und bezahlt werden.

Resümee

Bei Anlegung gewisser Sorgfalt ist auch die Präsentation von Preisgegenüberstellungen ohne Kollisionen mit dem Wettbewerbsrecht – die Vereinbarkeit mit der Berufsordnung bedarf im Einzelfall einer gesonderten Prüfung – möglich. Wenn insbesondere deutlich erkennbar wird, mit welchem Preis der neue Preis verglichen wird und dass es sich bei dem alten Preis nicht in Wirklichkeit um einen »Mondpreis« handelt, hat man die größten rechtlichen Klippen umschifft.

Verkauf unter Einstandspreis und Lockvogelangebote

Für den Kunden ist es bei seiner Kaufentscheidung von immenser Bedeutung, wo er das beste und günstigste Angebot vorfindet. Der Verkauf unter Einstandspreis und die damit einhergehende Lockvogelwerbung spielen dabei eine wichtige Rolle, die wettbewerbsrechtliche Konsequenzen nach sich ziehen können.

Verkauf unter Einstandspreis[1]

Begriff

Der Einstandspreis ist nach Oberlandesgericht Karlsruhe als »Netto-Netto-Werksabgabepreis einschließlich der Mehrwertsteuer« definiert. Ein einheitliches Begriffsbild existiert allerdings nicht. Nach allgemein anerkannter Definition ist der Einstandspreis der Einkaufspreis einschließlich der Bezugskosten (Fracht, Versicherung, Zoll et cetera), jedoch ohne Aufschlag von Generalkosten (Miete, Lagerung, Vertriebskosten et cetera). Vereinfacht gesagt ist der Einstandspreis also der Einkaufspreis zuzüglich der Bezugskosten.

Problematik

Nach herrschender Meinung ist in der freien Marktwirtschaft der Preis frei bestimmbar, sodass es auch grundsätzlich zulässig ist, Waren zu einem Niedrigstpreis oder unter Einstandspreis anzubieten. Dies gilt auch für wiederholten oder dauernden Verkauf unter diesen Preisen, soweit nicht weitere Unlauterkeitsmerkmale hinzutreten. Oftmals ist ein solcher Verkauf unter wirtschaftlichen Gesichtspunkten sinnvoll, so etwa bei Lager-, Liquiditäts- oder Absatzproblemen der Händler; ebenso bei Modelländerungen oder Qualitätseinbußen, bei Einführung neuer Produkte oder hohem Konkurrenzdruck. Jedoch besteht die Gefahr, dass der Verkehr ihnen fälschlich Beispielscharakter für die Preisstellung des Gesamtsortiments beimisst.

Dem Apotheker ist die Preisbildung für Arzneimittel, die nur in Apotheken abgegeben werden dürfen, dagegen nicht freigestellt, sondern zwingend vorgeschrieben. Diese Regelung hat den Zweck, unter Ausschaltung des Wettbewerbs zwischen den Apotheken die Arzneimittelabgabepreise zu vereinheitlichen. Das Problem verlagert sich daher ausschließlich auf das Nebensortiment.

Wirkungen und Grenzen von Verkäufen unter Einstandspreis

Wirkungen auf Verbraucher, Aktions- und Konkurrenzunternehmen

Ein Großteil der Verbraucher sucht die Einkaufsstätte gerade deshalb auf, weil dort besonders günstige Angebote vorgefunden werden. Das Einzugsgebiet eines Geschäfts bei Absenkung

---

[1]   BGH GRUR 1979, 321 (Verkauf unter Einstandspreis I); BGH GRUR 1984, 204ff. (Verkauf unter Einstandspreis II)

der Preise auf ein Niveau unter Einstandspreis vergrößert sich signifikant, sodass ein starker Anlockeffekt von Verkäufen unter Einstandspreis ausgeht und sich dies als irreführend i.S.d. § 3 Gesetz gegen den unlauteren Wettbewerb (UWG) und damit auch als sittenwidrig i.S.d. § 1 UWG darstellen kann.

Die angelockten Kunden tätigen so genannte Verbundkäufe, das heißt sie tätigen weitere Einkäufe (Verbundeffekt). Da der Verkauf von Artikeln unter Einstandspreis für den Händler ein »Verlustgeschäft« darstellt, kann dieser kein Interesse daran haben, dass die angelockten Kunden ausschließlich den Zugartikel erwerben. Nur wenn die angelockten Kunden neben dem verbilligten Produkt auch andere normale oder höher kalkulierte Ware kaufen, kann mit Hilfe der Gewinne aus den Verkäufen dieser Artikel der Verlust aus dem Verkauf der Produkte unter Einstandspreis kompensiert werden.

Die angelockten Kunden neigen aus Gründen von Zeitmangel, Bequemlichkeit und auch Parkraumnot dazu, in einem Geschäft alle – oder zumindest den Großteil – ihrer Produkte zu erwerben.

Die nicht unter Einstandspreis anbietenden Konkurrenzunternehmen können in den Augen der Kunden als weniger leistungsfähig erscheinen (Diskriminierungseffekt). Insbesondere da der Verbraucher nicht in der Lage ist, den »unter Einstandspreis-Charakter« einer Preisstellung zu erkennen.

Für Konkurrenzunternehmen entsteht eine Art Zwang zur Nachahmung, da die Verkäufe unter Einstandspreis langfristig zu Umsatzeinbußen führen können (Nachahmungseffekt).

Kurzfristig wirkt sich das Durchführen von Verkäufen unter Einstandspreis für das Aktionsunternehmen zugunsten einer Umsatzausweitung und Umsatzsteigerung aufgrund von Anlock- und Verbundeffekten aus.

Langfristige Wirkung hat der Diskriminierungseffekt, der dazu führt, dass die Verbraucher ihr Einkaufsverhalten zugunsten der unter Einstandspreis anbietenden Unternehmen verändern. Damit hat der Verkauf unter Einstandspreis auch langfristig eine Erhöhung der Kundenzahl zur Folge.

Rechtliche Grenzen von Verkäufen unter Einstandspreis (Verdrängungs-, Vernichtungswettbewerb, Marktstörung)

In Befolgung des oben angeführten Grundsatzes der freien Preisbestimmung hat der Bundesgerichtshof (BGH) wiederholt ausgesprochen, dass selbst eine Preisgestaltung unter Selbstkostenpreis, jedenfalls wenn dieser nur zeitweilig oder gelegentlich unterschritten wird, wettbewerbsrechtlich nicht zu beanstanden sei, wenn nicht besondere, die Sittenwidrigkeit begründende Umstände hinzutreten. Diese Rechtsprechung gilt auch, wenn nicht nur der Selbstkostenpreis, sondern sogar der Einstandspreis unterschritten wird.

Die Frage, ob solche besonderen Umstände vorliegen, lässt sich nicht allgemein, sondern nur anhand des Einzelfalles beantworten. Nach BGH waren diese zumeist in wettbewerbswidrigen gesonderten Begleitumständen begründet. Soweit ausschließlich ein Verkauf unter Einstandspreis vorliegt, liegt darin nach einhelliger Rechtsauffassung jedenfalls dann ein Verstoß gegen § 1 UWG, wenn diese

Preisgestaltung mit der Zielsetzung erfolgt, den Wettbewerber zu verdrängen oder gar zu vernichten, so genannte Verdrängungs- oder Vernichtungsabsicht.

Der ständige Verkauf unter Einstandspreis kann, ohne dass ein sachlicher Grund vorliegt, wettbewerbswidrig sein, wenn dadurch die Gefahr einer wettbewerbswidrigen Behinderung eintritt. Diese Gefahr kann dadurch begründet werden, dass die Mitbewerber von einem bestimmten Markt verdrängt werden und dadurch der Markt völlig oder nahezu völlig aufgehoben wird, oder wenn infolge des Verkaufs unter Einstandspreis damit zu rechnen ist, dass es zu einer gemeinschaftsschädigenden Störung des Wettbewerbs kommen kann. Maßgeblich hierfür sind die Intensität und die zeitlichen Abstände der Verkäufe. Ein starkes Indiz ist daher das ständige Anbieten von Waren zu Preisen unter Einstandspreis ohne sachlich vertretbaren Grund.

Irreführung

Früher wurde diese Problematik unter dem Gesichtspunkt des § 1 UWG diskutiert[2]. Seit den letzten 15 Jahren liegt der Schwerpunkt der wettbewerbsrechtlichen Würdigung bei der Frage, ob solche Niedrigpreisaktionen den Verbraucher über die Preisbemessung des übrigen Warensortiments i.S.d. § 3 UWG in die Irre führen.

Ein Verstoß gegen § 3 UWG liegt vor, wenn schon die Ankündigung über die als besonders preisgünstig herausgestellte Ware unwahr ist.

Aber auch wenn die Ankündigung als solche wahr ist, kann sie geeignet sein, den Verbraucher irrezuführen, sofern er den falschen Eindruck gewinnt, die als preisgünstig herausgestellten Waren seien beispielhaft und kennzeichnend für die gesamte Preisgestaltung.

Nach ständiger Rechtsprechung des BGH kann der Verkauf unter Einstandspreis einzelner Artikel dann eine Irreführung i.S.d. § 3 UWG darstellen, wenn mit der besonders günstigen Preisstellung in der Art geworben wird, dass den angesprochenen Verkehrskreisen dieser Preis beispielhaft für die Preisgestaltung des gesamten Sortiments erscheint, während in Wirklichkeit die übrigen Artikel normal oder sogar überhöht kalkuliert werden[3].

Nach BGH reicht es für die Annahme einer Irreführung aus, wenn nur ein nicht unerheblicher Teil des angesprochenen Verkehrskreises getäuscht wird. Die Beachtlichkeitsgrenze wird bei 10 bis 15 Prozent der angesprochenen Verbraucher angesetzt.

Mit dem Verstoß gegen § 3 UWG (und damit auch gegen § 8 Abs. 1 der Berufsordnung für Apotheker der Landesapothekerkammer Rheinland-Pfalz) geht in der Regel auch ein Verstoß gegen die Generalklausel gem. § 1 UWG einher.

Lockvogelangebote

Begriff

Die Lockvogelwerbung ist kein fest umrissener Rechtsbegriff. Ihre vielfältigen Erscheinungsformen sind recht-

---

[2]   RGZ 143, 342ff. »Benrather-Tankstellenfall«

[3]   BGHZ 52, 302; BGH GRUR 1974, 344; 1979, 321

lich nur unter dem Gesichtspunkt einer konkreten oder typischen Irreführung erfassbar. Evident wettbewerbswidrig sind die klassischen Fälle der Lockvogelwerbung: Es werden Waren angeboten, die überhaupt nicht oder in unzureichender Menge zu dem beworbenen Preis vorhanden sind, so genannte Scheinangebote; aber auch die Vortäuschung eines preisgünstigen Gesamtangebots fällt darunter. Für die heutige Lockvogelwerbung ist kennzeichnend, dass Anbieter die Preise einiger Waren ihres Sortiments tief ansetzen beziehungsweise erheblich herabsetzen. Man will weniger den Absatz der verbilligten, besonders preisgünstigen Ware fördern, als vielmehr über die Lockvogelware eine Steigerung des Umsatzes bei den nicht verbilligten oder überteuerten Waren erreichen und aufgrund rechnungsmäßigen Ausgleichs einen insgesamt maximalen Gewinn erzielen.

Das kann wegen »übertriebenen Anlockens« und wegen »Rufausbeutung« wettbewerbswidrig sein.

Problematik

Ein Lockvogelangebot liegt vor, wenn die unter Preis angebotenen Waren nicht oder nur in einer im Verhältnis zur Nachfrage völlig unzureichenden Menge vorhanden sind. Der Kunde wird auf diese Weise zum Kauf einer teureren Ware verleitet. Solche Angebote sind wegen der Täuschung der Abnehmer stets wettbewerbswidrig.

Das Unterbieten mit Niedrigpreisangeboten ist eine sehr beliebte Methode, Kunden anzulocken. Man rechnet damit, dass andere Waren, die entsprechend hoch kalkuliert werden, ebenfalls gekauft werden und die Verluste bei den Niedrigpreisangeboten

ausgleichen. Ist der Verkauf unter Einstandspreis geeignet, den Verbraucher über die Preisbemessung des ganzen Angebots zu täuschen, so liegt ein Lockvogelangebot vor, das gegen § 3 UWG und meist auch gegen § 1 UWG verstößt. Verschiedene Untersuchungen lassen es als empirisch gesichert erscheinen, dass der Verkehr hinsichtlich solcher Unternehmen, die häufig preisgünstige Sonderangebote herausstellen, auch diffuse Preisgünstigkeitsvorstellungen hinsichtlich des Gesamtsortiments entwickelt[4]. So darf ihm nicht durch Herausstellung einiger besonders billiger Angebote (loss leaders) – Reißer – vorgetäuscht werden, dass alle anderen Angebote ebenso niedrig kalkuliert seien, sonst stellt sich die konkrete Preiswerbung als irreführend i.S.d. § 3 UWG dar. Eine unzulässige Irreführung i.S.d. § 3 UWG liegt ebenso vor, wenn der Verkehr von der Preisgünstigkeit des Einzelangebots auf eine nicht gegebene Preisgünstigkeit des Gesamtangebots schließt.

Gleiches gilt bei Lockvogelangeboten anderer Art, die geeignet sind, den Verbraucher irrezuführen.

Niedrigpreisstellungen sind dagegen bei wertender Betrachtung dann als zulässig anzusehen, wenn der Werbende das seinerseits Zumutbare zur Kennzeichnung des Ausnahmecharakters des Niedrigpreisangebots getan hat. Von der Rechtsprechung als ausreichend wurden die Kennzeichnungen als »Sonderangebot«, »Superhit« oder als »Top-Angebot« erachtet[5].

---

4 Allensbach-Umfrage 1968 u. 1974; Umfrage der GfM Hamburg 1978; vgl. MA 68, 414ff.; Lebensmittelzeitung vom 18. 10. 1974; WRP 78, 427ff.
5 BGHZ 52, 302, 307; BGH GRUR 1979, 117; BGH GRUR 1978, 651

Zusammenfassung/Resümee

Der Verkauf unter Einstandspreis ist nach herrschender Meinung grundsätzlich wettbewerbsrechtlich nicht unzulässig, sondern stellt prinzipiell ein Verhalten im Rahmen der wettbewerbskonformen Ausübung der unternehmerischen Freiheit zur autonomen Preisgestaltung dar. Wettbewerbsrechtlich unzulässig ist aber, wenn infolge der werblichen Anpreisung und Durchführung von Verkäufen unter Einstandspreis:

a) eine Täuschung der Verbraucher über das Preisniveau des sonstigen Sortiments eines Einzelhandelsgeschäfts,

b) eine konkrete und nachweisbare Herabsetzung und Schädigung eines Produktimages oder bestimmten Vertriebssystems,

c) eine absichtliche Behinderung zu Zwecken der Verdrängung oder Vernichtung eines Konkurrenten,

d) eine objektiv gemeinschaftsschädigende Störung des Wettbewerbs durch eine ernstliche Gefährdung des Bestands des Wettbewerbs oder eine unlautere Behinderung und Verdrängung von Mitbewerbern vom Markt bewirkt wird. Gelegentliche oder nur vorübergehende Verkäufe von Waren unter Einstandspreis sind nur dann wettbewerbswidrig, wenn besondere, die Unlauterkeit begründende Umstände hinzutreten.

Heinz-Dieter Horn

Ababe von Speisen und Getränken in Apotheken

Jeder wird sie schon einmal erhalten haben: die Tasse Kaffee oder Tee in dem Warteraum des Arztes, beim Friseur, bei Dienstleistern wie Rechtsanwälten und Steuerberatern oder auch das Glas Sekt beim Einkauf hochwertiger Designer-Kleidung. Auch in manchen Apotheken hat sich die Usance eingebürgert, beispielsweise im Zusammenhang mit einem Beratungsgespräch, ein kostenloses Getränk anzubieten.

Dies ist die eine Fallgruppe tatsächlichen Verhaltens, die im Folgenden einer rechtlichen Würdigung unterzogen werden soll; die andere Fallgruppe ist gekennzeichnet durch den kostenlosen Ausschank beispielsweise von Vitamingetränken, bei denen tatsächlich oder vermeintlich der Erprobungszweck im Vordergrund steht.

Bevor auf die rechtlichen Einzelheiten eingegangen wird, erscheint es sinnvoll, die verschiedenen juristischen Termini, die sich in der Literatur, wettbewerbsrechtlichen und berufsgerichtlichen Entscheidungen immer wieder finden, zu definieren. Im Wesentlichen handelt es sich um die fünf Begriffe: Zuwendungen, Zugaben, Werbegaben, Warenprobe und Werbe- und Verkaufshilfe.

Die Begriffe sind zunächst einmal zu systematisieren. Oberbegriff ist die »Zuwendung«, die sich aufteilt in die »Zugabe« und die »Werbegabe«. Die Werbegabe wiederum gliedert sich – abgesehen von hier nicht weiter interessierenden Fallgruppen – in die »Warenprobe« und die »Werbe- und Verkaufshilfe«.

Zugabe bei Geschäftsabschluss

Die Zugabe ist nach einer grundlegenden und auch heute noch gültigen Definition des Bundesgerichtshofes (GR 1991 S. 862/863) eine Ware oder Leistung, die neben einer entgeltlich angebotenen Hauptware ohne besondere Berechnung angeboten, angekündigt oder gewährt wird, wobei die Zugabe vom Abschluss des Geschäfts über die Hauptware abhängig sein muss.

Dies ist der wesentliche Unterschied zur Werbegabe, die in der Hoffnung auf einen Geschäftsabschluss gewährt wird. Dies kommt besonders typisch in der Untergruppe der Warenprobe zum Ausdruck, die – und dies ergibt sich schon aus dem Wort »Probe« – dem Kunden zur Verfügung gestellt wird, damit er nach – aus der Sicht des Verkäufers hoffentlich erfolgreicher – Erprobung die Ware erwirbt. Schlagwortartig kann man formulieren: Man erhält die Zugabe, weil man kauft, die Werbegabe, damit man kauft.

Wird also die oben zitierte Tasse Kaffee oder Tee in der Apotheke bei einem Beratungsgespräch angeboten, und zwar unabhängig davon, ob der Kunde in der Apotheke vorher ein Produkt bereits gekauft hat, so ist die Zugabeverordnung nicht einschlägig. Die Zugabeverordnung will verhindern, dass der Käufer durch die Zugabe von der Hauptware abgelenkt und irregeführt wird.

Tasse Kaffee nicht immer zulässig

Eine derartige typische Zugabegefahr besteht nicht bei einer Werbegabe, wie beispielsweise einer Tasse Kaffee, die den Empfänger lediglich zu veranlassen sucht, bei dem Werbenden etwas zu kaufen oder eine Dienstleistung entgegenzunehmen. Dennoch ist nicht jede Werbegabe dieser Art von vornherein zulässig. Der Prüfungsmaßstab ist insoweit die Vorschrift des § 1 UWG, wonach Wettbewerbshandlungen, die gegen die guten Sitten verstoßen, unzulässig sind.

Bei höherwertigen Verzehrangeboten – das Glas Champagner in der Designer-Boutique mag als Beispiel dienen – könnte die Fallgruppe des »moralischen« Kaufzwanges einschlägig sein. Die Rechtsprechung hat insoweit keine festen Grenzen statuiert, sondern weist darauf hin, dass es immer auf die Umstände des Einzelfalles ankomme, wobei den Personen des Gebers und des Empfängers ebenso eine große Bedeutung zukommt wie der Art des Geschäftes und dem Wert der Werbegabe.

Hinsichtlich des Wertes wird man bei einer Tasse Kaffee oder Tee keinerlei Bedenken haben können. Es fragt sich allerdings, ob die Apotheke der richtige Ort ist, um in Ergänzung zu einer Serviceleistung Speisen und Getränke, beispielsweise die Tasse Kaffee mit einem Kekssortiment, dem Kunden anzubieten. Das von der Rechtsprechung zum allgemeinen Wettbewerbsrecht insoweit entwickelte Kriterium der Branchenüblichkeit dürfte bei Apotheken dazu führen, dass letztere verneint werden muss.

Selbst wenn man aber nach den Vorschriften des allgemeinen Wettbewerbsrechtes das Anbieten von Kaffee, Tee, Keksen et cetera in der Apotheke akzeptieren wollte, würde man dennoch den apothekenrechtlichen Besonderheiten nicht gerecht. Gemäß § 25 der Apothekenbetriebsordnung dürfen in der Apotheke neben Arzneimitteln nur bestimmte enumerativ aufgeführte Produkte in den Verkehr gebracht werden. Unter dem Begriff des Inverkehrbringens ist das Vorrätighalten zum Verkauf oder zu sonstiger Abgabe, das Feilhalten, das Feilbieten und die Abgabe an andere zu verstehen. Insoweit kann man mit guten Gründen – dies ist allerdings nicht unumstritten – die Auffassung vertreten, dass auch die unentgeltliche Abgabe von Produkten außerhalb des Katalogs des § 25 Apothekenbetriebsordnung verboten ist.

Für diese von mit dem Apothekenrecht befassten Juristen vertretene Auffassung spricht unter anderem, dass neben der gewerblichen Abgabe bereits das Feilhalten und Feilbieten durch den Terminus »in Verkehr bringen« erfasst werden. Letztere Begriffe sind zweifelsohne nicht an eine entgeltliche Abgabe geknüpft, sodass wohl mit der überwiegenden Auffassung davon auszugehen ist, dass es nicht auf die Entgeltlichkeit hinsichtlich des Anwendungsbereiches des § 25 Apothekenbetriebsordnung ankommt. Vor diesem Hintergrund ist die Abgabe von Kaffee, Tee oder Keksen sowie sonstigen Speisen ein Verstoß gegen § 25 Apothekenbetriebsordnung, soweit es sich nicht um apothekenübliche Waren handelt, die unter den Katalog des § 25 Apothekenbetriebsordnung zu subsumieren sind.

Vitamine apothekenüblich

Unabhängig von den obigen Ausführungen ist unbedingt zu beachten, dass sich aus den Berufsordnungen der Apothekerkammern der Länder Besonderheiten ergeben können, die allerdings nicht Gegenstand dieses Aufsatzes sein können und sollen. Die Berufsgerichte haben jedenfalls in der Vergangenheit die Abgabe von Speisen und Getränken in der Apotheke regelmäßig als unzulässige Werbemaßnahme angesehen und dabei darauf abgestellt, dass es sich um eine Abgabe von nicht apothekenüblichen Waren innerhalb der Betriebsräume der Apotheke handele, die insoweit von den apothekenrechtlichen Vorschriften nicht gedeckt sei.

Anders wird die Rechtslage bei dem Ausschank von solchen Produkten zu beurteilen sein, die dem Katalog der apothekenüblichen Waren zuzuordnen sind. Dies betrifft insbesondere den Vitaminausschank zu Erprobungszwecken. Wie auch bei sonstigen Warenproben besteht die größte Schwierigkeit zunächst einmal darin, zwischen einer echten Warenprobe, die regelmäßig Gegenstand eines Beratungsgespräches sein müsste, und

schlichten Werbegaben zu differenzieren. Sollte die Getränkeausgabe von apothekenüblichen Waren in Zusammenhang stehen mit dem Kauf einer Hauptware, käme noch die weitere Fallgruppe der Zugabe in Betracht.

Regelmäßig wird man allerdings bei den typischen Vitamingetränke-Aktionen davon auszugehen haben, dass die Wertgrenze der unzulässigen Zugabe (etwa 0,80 DM) nicht erreicht sein wird. Im folgenden wird es deshalb nur um die Abgrenzung zwischen Warenprobe und Werbe- und Verkaufshilfe gehen. Eine Warenprobe scheidet von vornherein dann aus, wenn das Getränk, das als »Probe« dem Kunden in der Apotheke kostenlos angeboten wird, nicht Bestandteil des Sortimentes der betreffenden Apotheke ist. Damit scheiden sämtliche Fallgruppen aus, bei denen beispielsweise ein Hersteller von Vitaminpräparaten in der Apotheke einen Automaten aufstellt, an dem sich der Kunde selbst bedienen kann, wenn dieses Produkt in der Apotheke nicht geführt wird. Handelt es sich um einen Bestandteil des Apothekensortimentes, kann die selbstständige Entnahme der »Warenprobe« aus dem Automaten durch den Kunden dennoch nicht rechtlich akzeptiert werden, weil es sich insoweit nicht um eine Warenprobe handelt, sondern der Vitamintrunk dann eher den Charakter eines Erfrischungsgetränkes hat. Dies stellt aber, so die bisherige berufsgerichtliche Rechtsprechung, eine unangemessene Werbemaßnahme dar, die im Apothekenbereich nicht zulässig ist. Den Bereich der zulässigen Werbegabe wird man also eingrenzen müssen auf die Abgabe von Getränken, die
● dem Katalog der apothekenüblichen Waren gem. § 25 Apothekenbetriebsordnung angehören,

- im Sortiment der Apotheke vertreten sind,
- in kleinen Mengen abgegeben werden und
- Erprobungszwecken dienen, wobei die Erprobung indiziell durch ein Beratungsgespräch belegt werden könnte.

Die Autoren

Rechtsanwalt RAINER AUERBACH ist Geschäftsführer der Apothekerkammer Berlin.

JUTTA HEYE ist juristische Mitarbeiterin im Geschäftsbereich Recht, Information und Öffentlichkeitsarbeit der ABDA – Bundesvereinigung Deutscher Apothekerverbände.

Rechtsanwalt und Notar HEINZ-DIETER HORN ist Justitiar der Apothekerkammer Bremen.

Rechtsanwalt ARNULF KLEIN ist Geschäftsführer der Landesapothekerkammer Rheinland-Pfalz.

Rechtsanwalt ULRICH LAUT ist Justitiar der Landesapothekerkammer Hessen.

Rechtanwältin BETTINA MECKING ist Justitiarin der Apothekerkammer Nordrhein.

Rechtsanwalt HANSJÖRG MOGWITZ ist Justitiar der Apothekerkammer Niedersachsen.

Rechtsanwalt SEBASTIAN SCHMITZ ist Geschäftsführer des Geschäftsbereichs Wirtschaft- und Vertragsrecht, Personalangelegenheiten der ABDA – Bundesvereinigung Deutscher Apothekerverbände.

Rechtsanwalt LUTZ TISCH ist Leiter der Abteilung Recht im Geschäftsbereich Recht, Information und Öffentlichkeitsarbeit der ABDA – Bundesvereinigung Deutscher Apothekerverbände.

Rechtsanwalt DR. KARL-STEFAN ZERRES ist Justitiar der Apothekerkammer Schleswig-Holstein.